AF199321

Dr. Martin Kreuels

Männerstille

Eine eigene Höhle zu haben,
ist gar nicht so schlecht!

BOD

Wo sich Staub ansammelt,
ist wenigstens Frieden
(Genazino 2016)

Ich bin ein Mann.

Ich habe Gefühle.

Ich bin stark.

Ich sorge für meine Familie.

Ich funktioniere als Eiche im Unwetter.

Ich will auch mal ängstlich sein und weinen dürfen.

Ich will auch mal meine Gedanken für mich haben.

Ich will meine Stille behalten.

Inhalt

Hinführung zum Thema

Veränderung beginnt mit der Entscheidung

Die Medien berichten nur zu gern von herausragenden Persönlichkeiten. Eher selten schreiben sie über unbedeutende Menschen wie den Angestellten von nebenan. Oft wird er auf eine Zahl in einer Statistik reduziert. Dort taucht er als Kostenfaktor oder Beitragszahler für eine Krankenkasse auf. Dass er eine eigene Identität hat und in seinem privaten Umfeld auch eine geachtete Persönlichkeit ist, darüber sprechen die Medien nicht. Es scheint für die Gesellschaft uninteressant zu sein. Aber diese Menschen sind die Bevölkerung, die menschliche Masse der Bundesbürger. Sie sind diejenigen, die die eigentliche Arbeit leisten: Pfleger in Krankenhäusern, Arbeiter im Stahlbereich, im Häuserbau, am Band der Autobauer, als Polizisten, LKW-Fahrer oder Landwirte, als Beamte in den Verwaltungen der Kommunen oder in den Restaurants der Republik.

Die sogenannten VIPs, die meisten davon nur auf Zeit, sind wie Lichter am Himmel, die schnell verglühen. Oft werden sie nach der Zeit der Berühmtheit wieder zu „Normalos". Nur wenige bleiben Prominente, schaffen es dauerhaft, in den Medien präsent zu bleiben. Die „Normalos" können sich deren Eskapaden anschauen oder an ihren Dienstleistungen erfreuen, aber ihre Realität ist das nicht. Viele wünschen sich vielleicht, auch so zu sein. Aber in Wirklichkeit führen die meisten Menschen ein einfacheres Leben, weit weg von Kameras, Illustrierten und Werbung. Das ist kein Eingeständnis einer Niederlage, sondern die

Spiegelung unseres Lebens. Und es ist gut so.

Ich schreibe das Buch vor allem für „normale" Männer, aber auch für die Frauen dieser Männer. Meist sind es die Frauen, die Gedankenimpulse zu Hause setzen, weil sie in aller Regel mehr mit ihren Emotionen in der Familie sind, als dies bei den Männern der Fall ist. Auch bei meinen Veranstaltungen zum Thema „Männertrauer" sitzen überwiegend Frauen im Publikum.

Beim Thema Männertrauer lag der Anteil von Männern, die meine Veranstaltungen zum Thema Sterben, Tod und Trauer besuchen, in den Jahren 2011 bis 2017 bei ca. 5% (ca. 5100 Besucher).

Frauen wollen mehr über ihre Männer erfahren. Sie geben sich nicht damit zufrieden, so wie es zu Hause ist. Eine Beziehung zweier Menschen ist nie fertig. Ständig entwickelt sie sich weiter, kommen neue Bedingungen und Faktoren hinzu, tauchen Ideen auf und wird klar, was gut ist und was nicht. Ergänzend zum hier vorgestellten Thema empfiehlt es sich, Eckart Hammer (2014): „Männer altern anders" zu lesen. Das Leben ist ein großer Fluss und wir können entscheiden, wie wir im Strom schwimmen wollen. Uns allen gemeinsam ist, dass wir irgendwann an sein Ende kommen. Aber den Weg dorthin können wir beeinflussen.

Mein Buch richtet sich letztlich an beide Geschlechter. Mir geht es darum, dass der Mann es schafft, sich aus seinem Hamsterrad zu befreien, dass mehr Ruhe in sein Leben einkehrt und er dadurch gesünder und entspannter leben kann, nicht irgendwann ausbrennt, weil die beruflichen Bedingungen ihn in den Burnout oder in die Depression treiben. Das Herausnehmen aus dem Rad, hinein in die Ruhe, die er erfährt, führen dann dazu, dass man(n) sortierter und klarer Dinge betrachten und entscheiden kann.

Die Veränderung beginnt mit der Entscheidung.

Dieses Etwas-verändern-Wollen hat etwas damit zu tun, die Verantwortung für sich zu übernehmen. Vielleicht haben Sie gerade deshalb dieses Buch gekauft. Die Verantwortung für den eigenen Weg kann man auf Niemandem übertragen. Dafür sind wir immer selbst verantwortlich, heute, damals und auch in Zukunft.

Mein Stille-Experiment

Jahrelang habe ich nur in Druckbuchstaben geschrieben, oft nutzte ich die Tastatur meines Computers. Druckbuchstaben erschienen mir erwachsener. Ich wollte kein kleiner Junge mehr sein. Schreibschrift ist etwas für Kinder. Jetzt suche ich mit Hilfe meiner vergessenen Schrift dieses Gefühl aus der Jugend: Eine Zeit, in der es kaum Verpflichtungen gab. In der wir hinausgingen und einfach spielten oder die Wälder durchstreiften, in der wir in der Grundschule Unterricht bei Herrn Möller hatten, diesem blassen, weichen Lehrer, der von seinen Schülern nicht ernst genommen wurde, weil er nur „Schönschrift" unterrichtete. In seinen Stunden saßen wir mit der Schiefertafel und weißen Kreidestiften und malten Buchstaben. Daran erinnere ich mich jetzt.

Ich möchte anders schreiben, als ich es bei meinen bisherigen Büchern getan habe. Dafür verabschiede ich mich vorübergehen von den Druckbuchstaben. Ich beginne dieses Experiment in meinem Hochsitz in meinem Garten. Ein Buch zur Stille soll es werden. Ein Buch zu dem, was ich in mir höre. Dafür verzichte ich im ersten Arbeitsprozess auf die Druckbuchstaben und technische Geräte. Ich schreibe mit der Hand. – Meine Hand schmerzt schon nach diesen wenigen Worten. Sie ist diese Form des Schreibens nicht mehr gewöhnt.

Ich betrachte das Ergebnis: Meine Schrift hat sich verändert. Sie wirkt nicht mehr so klar und sicher. Sie kommt mir zittriger, unsicherer vor. Wenn ich das Geschriebene lese, muss ich den ganzen Satz lesen, um ihn zu verstehen. Meine Schrift ist unleserlich geworden. Einzelne Wörter wirken wie moderne Kunst. Schwünge und Bögen verschwimmen zu eckigen, höl-

zernen Hieroglyphen. Ist dieses Schriftbild ein Synonym für mein „Drumherumreden", das Nicht-mehr-klar-benennen-Wollen? Fehlt mir Ruhe und Zeit zum Gestalten der Buchstaben und Wörter?

Meine Hand ist eigentümlich steif, als ob sie sich gegen diese Schreibweise sperren würde. Ich deute es so: Der Erwachsene hat Angst davor, wieder Kind zu sein. Was sollen denn die Leute denken! Ich erinnere mich an Georg, meinen Nachbarsfreund von der anderen Straßenseite, der immer eine so tolle Schreibschrift hatte. Eine Schrift wie gemalt. So wie er schrieb, war er auch, strukturiert, klar in seinen Äußerungen. Wenn er schrieb, hatte das etwas Meditatives. Man wurde ruhig dabei, nur beim Zusehen. Ich konnte das nie.

Ich werde mich für dieses Projekt disziplinieren müssen, damit ich es durchhalten kann und vielleicht wird am Ende meine Handschrift besser lesbar sein. Immerhin liegen jetzt die Jahrzehnte der Druckbuchstaben hinter mir. Ob es etwas in mir verändert? Jetzt stehe ich am Anfang meines Projektes und versuche nicht schon das Ende vorauszuplanen.

Aber immer wieder erwische ich mich dabei, es zu wollen. Dabei wäre doch das Hier und Jetzt viel wichtiger. Eine Bekannte sagte mir: „Denk nicht so weit voraus, dann sind wir schon alle tot." Und irgendwie hat sie Recht damit. Wir können nicht in die Zukunft sehen.

Nun beginne ich also im Hier und Jetzt mit einem Stift und Papier. Mein Schreib-Arbeitszimmer ist ein Hochsitz, den mir meine Freundin und die Kinder gebaut haben. Ein Raum im Ausmaß von 1,5 m x 1,5 m. Das Zimmer steht auf vier

Pfählen 1,5 m über dem Erdboden. Es hat vier Fenster, zwei seitlich und zwei frontal, und eine Tür. Das sind die offiziellen Öffnungen dieses Zimmers. Daneben gibt es unendlich viele weitere inoffizielle kleine Öffnungen im Holz. Es zieht von überall herein.

Im Innern gibt es einen kleinen Tisch, einen Gartenstuhl mit Decke und Polsterauflage gegen die Zugluft und ein kleines Regal. Und weil es von überall her zieht und sich dadurch der Staub der Umgebung hier trifft, hängt noch ein Besen an der Wand, damit ich den Staub wieder heraus fegen kann. Das Dach des Arbeitszimmers weist eine kleine Schräge nach vorne auf, damit das Wasser ablaufen kann. Von außen ist das Häuschen dunkel braun angestrichen worden. Den Anstrich haben die Kinder und ich übernommen. Das Zimmer leuchtete durch sein helles Holz in der Landschaft und fiel auf. Das wollte ich nicht. Nun ist es Dunkelbraun, unauffällig und wärmt sich schneller auf als ein helles. Ich möchte es mir beim Schreiben gemütlich machen, mich ein wenig selbst verwöhnen. Klingt komisch, wenn ein Mann das sagt, tut aber gut.

Ich hasse Streichen und ich hasse Bauen. Das ist eher männeruntypisch. Aber diese Rolle übernimmt meine Freundin gern! Dafür bin ich ihr sehr dankbar.

Mein Blick aus meinem Hochsitz geht über Wiesen und Felder in Richtung Bunde, ein kleines Städtchen im Rheiderland in Ostfriesland. Es sind ungefähr sechs Kilometer Luftlinie. Dazwischen unbebaute Wiesen, viel Wasser, Vögel, Kühe, Rehe und im Winter tausende Wildgänse, die hier die kalte Jahreszeit verbringen und grasen. Ab und an fährt ein Bauer mit seinem Traktor über die Wiesen, um Heu für seine Kühe

13

im Stall zu mähen. Ansonsten Stille, Wind, Regen, Sonne und ich, der vor allem die Stille hören will, das Nichts in der Landschaft und in mir. Mein Ziel ist es ruhiger zu werden, ausgeglichen sagen die anderen und meinen damit, dass ich das schon wäre. Ich habe von mir allerdings einen anderen Eindruck, dem will ich jetzt nachgehen. Es gibt für mich einen anvisierten Punkt der heiteren Entspannung. Den will ich erreichen.

Begonnen hat alles am 8.9.16. Ich war es satt meine Musik zu hören, die ich schon hunderte Male hörte. Ich suchte Stille und fand Lärm. Mir war alles zu laut. Dabei fiel mir auf, dass es schwierig ist nichts zu hören oder sagen wir es anders, dass es schwierig ist, die Stille auszuhalten.

Nun sitze ich hier und beginne in diese Ruhe hinein zu schreiben, in Schreibschrift mit krakeligen Buchstaben. Alles dauert so lange. Das Tippen auf der Tastatur des Computers ist doch um einiges schneller und vor allem viel leserlicher. – Meine Güte, was habe ich für eine Sauklaue und wie wenig Geduld habe ich mit mir.

Was ist Ruhe?

Ist das die Abwesenheit von Tönen und Geräuschen? Oder ist Ruhe viel mehr?

Ich versuche auf meinem Exilsitz Ruhe zu finden und höre Lärm. Unser Hund bellt, mein Sohn ruft nach mir, die Nachbarn feiern ein Gartenfest. Alles ist so laut. Ich kann keine Ruhe finden. Doch was suche ich eigentlich? Ist es die Abwesenheit von Lärm? Ich hole mir meine Schallschutzkopfhörer. Ich will mich vor dem Lärm schützen.

Nächster Versuch: Mit Kopfhörern auf den Ohren, will ich nochmal in die Ruhe eintauchen und merke, dass sie für mich etwas mit Natur zu tun hat. Die habe ich jetzt aber verbannt. Ich höre nur den eigenen Puls. Das ist mir zu wenig.

Natur ist Ruhe, auch wenn der Wind weht, die Insekten summen und die Vögel singen. Es ist ein Geräuschmosaik, das irgendwie dazu gehört. Es ist Teil unserer Natur, in der wir viele Millionen Jahre gelebt haben, in einer Zeit, als es den Straßenlärm noch nicht gab. Die meisten Menschen sind morgens aufgestanden und waren mitten in der Natur. Heute sind die meisten Menschen in Niedrigenergiehäusern oder Wohnsilos mit regelbarer Temperatur und Luftfeuchtigkeit und Schallschutz gegen Straßenlärm, Motoren und Maschinen davon geschützt und abgeschnitten. Die Häuser gehören einfach nicht zu unserer Natur, auch wenn wir als Teil dieser Natur sie selbst erschaffen haben. Sie bringen viele Vorteile. Menschen leben geschützter, überleben viele gefährliche Wetterlagen deutlich besser als früher. Aber sie schaffen auch einen Abstand zu dem, was der Mensch ebenso braucht.

Ein gleiches gilt für künstlich erschaffene Geräusche, die wir als Lärm empfinden. Maschinen nützen dem Menschen. Wir haben uns dadurch stark und schnell weiterentwickelt. Man steht immer mal staunend vor den Maschinen, ist fasziniert von ihren Möglichkeiten. Aber auch sie schaffen Abstand und ihre Geräusche bleiben uns fremd. Welch Freude, wenn sie verstummen. Es ist, als ob es in den Ohren knackt, weil diese sich entspannen, als ob es Knochen wären. Ein zweischneidiges Schwert: Viele Menschen meinen, ohne Maschinen gar nicht mehr leben zu können.

Ist es ein Kompromiss, wenn ich die Natur ausblenden muss, um die Ruhe zu erfahren? Vielleicht muss ich auch erst ins andere Extrem gehen, um den Mittelweg der natürlichen Ruhe finden zu können. Wie auch immer diese aussieht. Unsere Welt ist einfach zu laut. Jetzt habe ich alle Geräuschquellen reduziert, künstlich durch die Kopfhörer. Kein Telefon und kein Handy in meiner Hütte und für alle anderen ist das Betreten verboten.

Aber ist das alles schon die Ruhe, die ich suche? Nein, es ist nur eine Vorbedingung, eine Voraussetzung. Es ist die Ruhe, die ich brauche, um zur Stille zu gelangen. Die Stille in mir muss ich aber erst noch finden. Zumindest reduziere ich mit den Hilfsmitteln die Ablenkungen und Einflüsse, die auf mein Gehirn von außen einwirken und es immer wieder in andere Bahnen lenken. Auch dies scheint ein Prozess zu werden, der eine gewisse Zeit in Anspruch nimmt. Sich mal eben hinsetzen und zur Stille zu gelangen ist gar nicht so einfach, wenn man ungeübt ist. Denn sind die Geräusche ausgeschaltet, lärmt das Gehirn und auch die Sinne zu beruhigen muss man erst einmal ertragen.

Meine Definitionen von Stille

Ist Stille für jeden gleich? Spontan würde ich sagen, nein. Jeder für sich empfindet Stille anders. Der eine empfindet sie in der Kirche, der andere im Café, der Dritte am Strand und der Vierte vielleicht in den Bergen.

Stille ist zudem nicht gleichzusetzen mit äußerlicher Ruhe. Die Einen empfinden Stille, wenn sie meditieren oder Yogaübungen praktizieren, die Anderen beim Wandern. Neben einer Frau Stille zu finden ist schwer und macht einsam. Will ich das? Wenn ja, wie? Ich will es, um außerhalb der Stille nicht allein zu sein.

Wenn das so ist, gibt es keinen Königsweg, sondern jeder muss seinen eigenen Weg dorthin finden. Aber wie? Und gibt es vielleicht doch einen roten Faden an dem entlang alle oder zumindest viele es versuchen können?

Vielleicht ist aber nur die Herangehensweise eine individuelle, aber das Ziel ist gleich. Gleich weil der Blick ins Innere gleich ist, das Gefühl zu hören und zu sehen, auch wenn das von Mensch zu Mensch unterschiedlich sein wird. Zu sehen weil es dann begreifbar wird. Vielleicht gibt ist es eine übertragbare Methode? Für wen schreibe ich das Buch? Für alle Wissbegierigen, als Mann kann ich eigentlich nur für einen Mann schreiben. Frauen können uns dann vielleicht besser verstehen?

Ein paar Definitionen:
Definition von Stille nach einem Wikipediaeintrag (Abruf 22.12.2016): „Die Stille (von althochdeutsch stilli: ohne

Bewegung, ohne Geräusch) bezeichnet in der deutschen Sprache die empfundene Lautlosigkeit, Abwesenheit jeglichen Geräusches, aber auch Bewegungslosigkeit. Ihre umgangssprachliche Steigerung ist die Totenstille. Gegenbegriffe sind Geräusch, Lärm und Ähnliches. Stille ist bedeutungsverwandt, aber zu unterscheiden vom Schweigen.

Stille im Sinne von ruhiger Umgebung kann wegen der Abwesenheit von störenden Geräuschen beruhigend wirken, die Konzentration auf eine Tätigkeit, die Leistungsfähigkeit und das Wohlbefinden steigern sowie religiöse Empfindungen unterstützen. Der Mensch ist Geräuschen ausgeliefert, er agiert in seiner Geräuschkulisse. Der Hörsinn ist für den Menschen nicht bewusst beeinflussbar oder abschaltbar, an Lärm kann man sich nicht gewöhnen. Stille ist eine Rahmenbedingung für vielerlei Tätigkeiten oder Bewusstseinszustände:

Tätigkeiten, die vorwiegend auf den Hörsinn aufbauen, benötigen häufig Stille, obwohl sie selbst die Stille stören: Musizieren, Telefonieren etc.

Stille ist auch eine Voraussetzung für die Konzentration des menschlichen Gehirns bei intensiven Denkprozessen. Pädagogen gehen davon aus, dass die Stille dem Lernprozess förderlicher als ablenkende Geräusche ist.

Ebenso wird in Bibliotheken Stille geboten, um die Konzentration auf das Lesen nicht zu stören.

Stille ist eine Rahmenbedingung für Entspannungszustände (z. B. autogenes Training). Geräuschkulissen stören die

Entspannung, Besinnung und Beschaulichkeit (Kontemplation). Stille spielt deshalb eine wichtige Rolle in Religion und Meditation."

(Anmerkung: Stille wird hier mit Ruhe gleichgesetzt.)

Stille, die (DUDEN, 22.12.2016): „Wortart: Substantiv, feminin; Bedeutungsübersicht: durch kein lärmendes, unangenehmes Geräusch gestörter [wohltuender] Zustand; Zustand, der dadurch geprägt ist, dass [plötzlich] kein lautes Geräusch, kein Ton mehr zu hören ist, alles schweigt; Zustand des Ruhigseins; »in aller Stille«

Synonyme zu Stille: Geräuschlosigkeit, Grabesstille, Lautlosigkeit, Ruhe, [Still]schweigen, Totenstille; (gehoben) Kirchenstille; (scherzhaft, sonst veraltend) Silentium"

Stille und Denken nach Eckart Tolle: Nach E. Tolle sollen wir uns über die Gedanken erheben. Wir unterscheiden uns von den Tieren, Pflanzen und Dingen nur dadurch, dass wir aufgrund unserer evolutionären Entwicklung ein Bewusstsein haben und Denken können. Dies führt jedoch dazu, dass unsere Gedanken uns daran hindern, die Stille zu finden. Denken zu beenden, geht aber nicht.

Denken ist auch Wahrnehmung des Anderen, Achtsamkeit und Aufwachen im eigentlichen Sinne. Die Tiere reden nicht, die Pflanzen sind still und ein Stein erst recht. Ein bewusster „Nicht zu Denken"-Befehl bewirkt das Gegenteil. Gedankenlosigkeit ist noch kein innerer Frieden.

Abstellen des Denkens geht nur, wenn es nichts mehr zu

denken gibt, wenn alle Gedanken gedacht sind, wenn wir mit uns im Reinen sind!

Tolle geht also noch einen Schritt weiter und reduziert sich nicht auf die akustische Ruhe, sondern bezieht das Denken als Lärm mit ein. Stille ist für ihn das Nichts, frei von Geräuschen und frei vom Denken. Dadurch hat er die Möglichkeit auf seine innere Stimme zu hören, die ansonsten von dem Lärm der Gedanken übertönt wird.

Ist es das, was wir suchen?

Definition von Nirwana nach einem Wikipedia-Eintrag vom 09.04.2017: „Nirwana wird erreicht im Loslassen von allen Anhaftungen an die Bedingungen des Samsara. Folglich bedeutet Nirwana manchen Meinungen zufolge nicht etwas, das sich erst mit dem Tod einstellt, sondern kann – die entsprechende mentale oder spirituelle Entwicklung vorausgesetzt – schon im Leben erreicht werden (…). Nirwana wird vom historischen Buddha an mehreren Stellen des Suttapitaka „das höchste Glück" genannt. Dieses keinem Entstehen, Vergehen und Anderswerden unterworfene Wohl ist allerdings nicht ein angenehmes Gefühl, sondern ein Glück unabhängig und jenseits aller Gefühle, Bedingungen und Gestaltungen. Nirwana ist gleichbedeutend mit innerer Ruhe und besteht im Freisein von aller Unruhe des Geistes, allen Wünschen und Denkvoraussetzungen. Nirwana bezeichnet damit einen spezifischen, aber ungewöhnlichen und im Samsara weitgehend unbekannten Geisteszustand. Er wird auch beschrieben als bildlos (…), richtungslos (…) und unterscheidungslos (…)."

Mit Stift und Papier

Die Wahrnehmung der Zeit ist sowohl subjektiven als auch objektiven Aspekten unterworfen. Ruhe und Stille sind nicht dasselbe. Ist das Erste die Abwesenheit von Lärm, bezeichnet das Zweite einen inneren Zustand. Aber zur Stille komme ich nur über die Ruhe. Davor geschaltet sind die Geschwindigkeit und die Zeit. Wenn ich mich verlangsame und die Geschwindigkeit aus meinem Handeln herausnehme, vermeide ich Stress und Hektik. Allerdings bewirkt das Umschalten auf eine verringerte Geschwindigkeit erst einmal genau das Gegenteil. Ich empfinde Stress und innere Unruhe. Der Körper will noch rennen und der Geist zwingt ihn ruhiger zu werden. Es ist ein gegenläufiger Prozess, der geübt werden will, bis alles sich die Waage hält. Mein Geist, mein Körper mit seinen Erinnerungen scheint eine träge Masse zu sein, zu vergleichen mit einem riesigen Schiff. Diese Ozeanriesen lassen sich nicht so einfach abbremsen. Will der Kapitän in einen Hafen einfahren, muss er schon viele Kilometer vor dem Anlegeplatz mit einem Bremsmanöver beginnen, damit er nicht mit einem zu hohen Tempo in den Hafen einfährt und diesen zerstört. Das will viele Male geübt sein.

Genau deshalb will ich das Schreiben mit der Hand üben, um der trägen Masse in mir, die Geschwindigkeit zu nehmen. Ich merke dabei, wie Unruhe aufkommt. Ich bin es gewöhnt, Gedanken über die Tastatur in Echtzeit in den Computer zu geben. Ich erzeuge durch das Tippen eine ungeheure Geschwindigkeit, die mich hektisch werden lässt. Die Gedanken werden schneller gedacht, so flott wie ich auf der Tastatur nur schreiben kann und im gleichen Moment erscheint auf dem

Bildschirm der durchgestylte Text nahezu druckreif. De fakto ist dies aber nicht so. Ich gaukle mir vor, er wäre fertig. Das lässt mich nur noch schneller schreiben, weil ich glaube, das Ziel schon vor Augen zu haben. Dabei sind meine Gedanken noch gar nicht zu Ende gedacht oder überhaupt durchdacht. Viele Fehler stecken noch in den Texten, die später mühsam herauskorrigiert werden. Deshalb schreibe ich diesmal zum ersten Mal ein Manuskript mit der Hand. Ich schreibe langsam, weil es gar nicht schneller geht. Nun muss ich auch langsamer denken, kann nicht bereits drei Sätze weiter gedacht haben, als Worte auf dem Papier noch zu schreiben sind. Für mich ist das ein ganz wichtiger Punkt in dem Prozess der Ruhefindung. Ich meditiere quasi beim Schreiben.

Eine Weisheit aus den Zen-Buddhismus sagt: Hast du es eilig, mach einen Umweg.

Leichter gesagt als getan. Das klingt so locker, ist aber schwerer als ich vorher vermutet hatte. Ich lerne dazu, denn ich muss beginnen mich zu kontrollieren und meiner trägen Masse entgegen zu arbeiten. Dazu gehört Wille, Kraft und der Mut gegen seine eigenen Impulse und die von außen anzugehen.

Geht es uns nicht so mit allen Dingen im täglichen Leben? Wir hasten von Termin zu Termin, die oft so eng gesteckt sind, dass wir den kommenden Termin nur mit Mühe und Not erreichen und das Ankommen schon als Erfolg verbuchen, obwohl wir ihn auch später hätten ansetzen könnten. Effektives Arbeiten und das Optimieren von Prozessen erscheint uns wichtig im Arbeitsleben. Überall gibt es Firmenberater, die Freiräume und kreative Auszeiten unterbinden, mit dem Ziel, durch die Optimierung, die Zeit noch gewinnbringender zu nutzen. Pausen im Prozessablauf sind ein Kostenfaktor. Ein Luxus, den wir uns nicht leisten können. Schließlich wollen wir am Ende des Tages mehr Gewinn eingefahren haben, als unsere Konkurrenz. Wir wollen besser sein, mehr erreichen, mächtiger und erfolgreicher sein, um oben im Firmenranking stehen zu können. Am liebsten hätten wir es, wenn der linke und der rechte Arm eigene Aufgaben übernehmen könnten, damit wir mehr fertigen.

Dabei vergessen wir in dieser technisierten und optimierten Welt einen kleinen, aber nicht unerheblichen Aspekt: Wir Menschen sollen wie Maschinen funktionieren, die 24 Stunden am Tag ohne Pause arbeiten. Wir sind aber keine Maschinen! Stellen wir dem eine Aussage meines Lehrers Evan Bortnick entgegen: „Wir sind nicht Menschen mit einem spirituellen Anteil, sondern wir sind spirituelle Wesen mit einem menschlichen Anteil." Und je mehr ich darüber nachdenke und je mehr ich mir unsere Gesellschaft anschaue, umso mehr muss ich sagen: „Ja, er hat recht!"

Es gibt natürlich auch Gegenbeispiele aus dem Firmenalltag. Meist sind dies Menschen, die versuchen einen neuen Weg zu gehen und damit ein Stückchen die Grenzen zu verschieben, um das Leben für sich und ihre Angestellten zu verändern. Interessanterweise sind dies häufig Menschen, die aus irgendeinem Grund schon einmal am Boden lagen und sich wieder aufrappeln mussten, sei es aus persönlichen Gründen, wie dem Verlust eines nahestehenden Menschen, oder weil eine Idee sie in den Ruin getrieben hatte. Oft Menschen mit Grenzerfahrungen. Personen, die die alltäglichen Dinge des Lebens neu bewerten, die sich nicht an die üblichen Eingrenzungen halten, weil sie ihnen zu eng sind oder wurden.

In Münster habe ich mit dem Chef eines größeren Garten-Landschaftsbaubetriebes gesprochen. Da dieses Gespräch privater Natur war, ging ich davon aus, dass er mich terminlich an den Rand seines Arbeitstages legen würde. Er aber legte unseren Termin in die Mitte des Tages. Natürlich sprach ich ihn darauf an und er gab mir die folgende Antwort: Jeder Termin hat für ihn die gleiche Wertigkeit. Sei es das Geschäft, sei es privat oder ein Sporttermin. Alle Termine werden hintereinander, wie sie kommen, aufgereiht. Sind die Termine abgearbeitet, ist Feierabend. So hatte er die Sicherheit, vermeintlich unwichtige, scheinbar unproduktive Termine, wie unser gemeinsames Gespräch, nicht abzuwerten und irgendwo an den Rand zu legen, wo man ihn dann auch mal schnell vergessen konnte. Ganz nebenbei wird so die Hektik der Arbeit immer wieder unterbrochen, weil ein privates Treffen oder Sport anstanden. Er konnte durchatmen und Kraft für den stressigeren Teil seiner Arbeit sammeln.

Ist ein Geschäftstermin wichtiger als der Termin mit dem eigenen Kind oder der Ehefrau? Warum bewerten wir automatisch den Termin für Geld höher als den mit einem Freund? Warum sind sie nicht zumindest gleichwertig?

Dieser Unternehmer tat etwas Besonderes. Wenn wir Schwierigkeiten damit haben, uns Zeit zuzubilligen, weil wir meinen, die wirtschaftlichen Aspekte höher bewerten zu müssen, können wir vielleicht lernen, private und geschäftliche Termine als gleichrangig anzusehen. Und dann können wir Zeit für uns einfach als Termin deklarieren. Natürlich ist dies ein kleiner Selbstbetrug, aber glauben wir wirklich, dass wir genügend Zeit für uns selber in den Alltag einbauen? Nehmen wir uns so wichtig, als dass wir uns die Zeit geben? Spüren wir uns überhaupt noch in dieser hektischen Arbeitswelt? Müssen wir uns als Angestellte in einem Betrieb Auszeit nehmen, indem wir länger auf das Klo gehen? Nur um mal für uns zu sein?

Für einen Angestellten am Fließband ist diese Art der Termingestaltung allerdings kaum praktikabel. Seine Termine reduzieren sich in der Regel auf zwei: den Beginn und den Feierabend. Termingestaltung in dieser Art ist nur für den etwas, der seine Termine frei festlegen kann. Das ist schon ein gewisser Luxus, den sich die meisten gar nicht leisten können. Der Arbeitnehmer ist das Rädchen im System, damit alles so erhalten bleibt, wie es jetzt ist. Ich bin gespannt auf den Moment, in dem das Rädchen merkt, dass er auch etwas tun kann und beginnt, Sand in das Räderwerk zu streuen, so dass alles langsamer geht. Vielleicht wird das ein wichtiger Moment für uns alle.

Und doch brauchen wir jetzt eine Lösung für den Einzelnen, damit dieser ganz bei sich beginnen kann, bevor er vielleicht an das Räderwerk geht.

Der angestellte Mann muss die Flexibilität eines Selbstständigen durch Ehrlichkeit gegenüber sich selbst ersetzen. Er muss Zeit für sich außerhalb seiner Arbeit finden, zum Feierabend, am Wochenende oder im Urlaub. Im Gegensatz zum Selbständigen hat der Angestellte in der Regel definierte Arbeitszeiten und damit meistens auch pünktlich

Feierabend. Natürlich „kollidiert" das unter Umständen mit der sich anschließenden Familienzeit. Die Familie benötigt Zeit und fordert – und gleichzeitig braucht er Zeit für sich. Viele möchten diesen Spagat gut gestalten und möchten nicht allein sein – und doch fehlt etwas.

Hier beginnt die Arbeit an der eigenen Ruhe. Er muss der Familie gegenüber seine Bedürfnisse formulieren, seiner Frau und den Kindern verdeutlichen, dass sie alle gewinnen werden, wenn er mehr Ruhe für sich findet. Dies sollte kommuniziert werden, damit er den notwendigen Freiraum bekommt, den er braucht. Es geht um Eigenverantwortung, um das selbstbewusste Handeln, um herauszufinden, was er selber wirklich will: „Gehen, um zurückzukehren."

Ehrlichkeit zu sich selbst ist eine Notwendigkeit, um für sich zu sehen, dass dieses Bedürfnis nach Ruhe nicht eine fixe Idee ist, sondern eine Investition in die eigene Zukunft und die der Familie.

Und so reduziere ich die Geschwindigkeit meines Schreibens durch meine „Handarbeit", gebe meinen Gedanken mehr Zeit und Raum, weil es mit der untrainierten Hand länger dauert. Ich habe damit mein Denken verlangsamt.

Die Geschwindigkeit der Zeit

Wie schnell doch die Zeit vergeht. Mein Wecker klingelt um 5 Uhr. Extra früh, weil ich dann in Ruhe Frühstück für die Familie und danach meinen Sport machen kann. Wenn ich dann am nächsten Morgen wieder auf meinem Sessel sitze und mir die Turnschuhe zubinde, denke ich: Du hast doch gerade erst hier gesessen und dazwischen soll wieder ein ganzer Tag gewesen sein? Das Karussell dreht sich immer im gleichen Kreis.

Gilt das auch für mein Leben? Mittlerweile bin ich 48 Jahre alt. Das sind mehr als 17.520 Tage oder 420.480 Stunden, die vergangen sind. Unglaublich viel Zeit. Und wo ist sie jetzt? Rein statistisch gesehen lebe ich, wenn alles gut geht, vielleicht 80 Jahre. Ich habe also das meiste hinter mir oder sagen wir es etwas positiver, ich hatte vor wenigen Jahren Halbzeit. Vor mir liegen vielleicht noch 30 Jahre, das heißt 10.950 Tage oder 282.800 Stunden. Zeit, die ich nutzen kann, wenn ich es möchte. Ich kann sie, wenn es sowieso nicht weitergehen würde, auch einfach sinnlos vergehen lassen. Es ist meine Entscheidung. Sie rinnt davon, ob ich will oder nicht.

Es ist wie bei einem Lottospiel: Ich spiele Lotto, um eine etwaige Chance zu nutzen. Die Erfolgsaussichten sind extrem gering und dennoch spielen viele dieses Spiel. Wir setzen einen Teil unseres mühsam erarbeiteten Geldes dafür ein, um auf den ganz großen Gewinn zu hoffen. Wir glauben daran, wir planen sogar schon unsere Einkäufe, falls wir am nächsten Samstag den Hauptpreis gewinnen würden. Dieser Samstag ist so fern. Der Hauptpreis wäre in unseren Augen der Durchbruch. Man könnte alles liegen und stehen lassen und leben, frei und ohne Bevormundung. Vierfünftel aller Menschen in Deutschland spielen Lotto oder haben es schon mal gespielt. All sie glauben daran und an die Möglichkeiten, die sich daraus ergeben würden.

Und wieder sind vierundzwanzig Stunden vergangen. Vierundzwanzig Stunden von meinem Leben auf dieser Erde. Ich überlege: Hast du die Zeit von gestern auf heute sinnvoll genutzt? Die Tage sind voll. Angefüllt mit Arbeit, Sport, Gesprächen, Auto fahren, Einkaufen, Sorgen, Familie, Finanzen und Zukunft. Dabei habe ich das Glück, selbständig arbeiten zu können.

Man(n) dreht sich um 1.000 Dinge. Das Leben ist übervoll mit Terminen, Begegnungen und Sachen, die ich jeden Tag neu erfahre. Der tägliche Rhythmus tut mir gut. Es ist ein Gleichklang sich wiederholender Abläufe, um die viele sich variierende Aspekte ranken. Aber die Geschwindigkeit macht mich nachdenklich. Die Zeit rast und wir mit ihr. Früher, als ich jünger war, hatte sie scheinbar kein so hohes Tempo. Vor allem, wenn ich an meine Schulzeit zurückdenke. Die Uhr im Klassenzimmer hatte einen Sekundenzeiger, der sich wie in Zeitlupe bewegte, als ob er gegen Gummibänder ankämpfte. Die Stunden waren quälend lang. Je älter ich werde, umso schneller wird alles.

Das ist ein subjektiver Eindruck. Es ist unser Leben und jeder hat genau eins. Was danach kommt, wissen wir nicht, ob wir schon mal da waren, wissen wir nicht.

Ich glaube, dass wir hier auf der Erde nur eine Phase

durchleben. Es ist für mich wesentlich, dass sich etwas anschließen könnte. Ohne diese Möglichkeit der Zukunft verliert für mich das Leben seinen Sinn. Warum sollten wir Menschen mit Eigenreflektion ausgestattet sein, sollten wir Empathie, Glaube, Kunst beherrschen, wenn am Ende unseres Lebens alles vorbei wäre? Warum sollten wir in diesem Fall überhaupt hier leben? Warum würden wir uns nicht sofort erschießen? Wäre es wirklich sinnvoll, täglich zur Arbeit zu gehen, um den Lebensunterhalt zu verdienen? Warum holen wir uns nicht einfach alles aus den Geschäften mit Waffengewalt? Es wäre doch egal. Warum quälen wir uns 40 Jahre an einem dreckigen Fließband ab, wenn wir die Zeit bis zum Ende doch auch anders nutzen könnten?

Wenn es keine Zukunft gäbe, bräuchten wir doch auch auf nichts Rücksicht zu nehmen. Und doch halten wir uns an Regeln, als ob es noch etwas anderes gäbe. Interessanterweise halten sich fast alle Menschen an diese Regeln, auch die, die nicht an ein Danach glauben.

Irgendetwas müssen wir mitnehmen können. Die materiellen Dinge, sogar unsere Körper bleiben zurück. Es ist nicht sinnvoll, übermäßig viel Geld anzuhäufen, sich das dritte Haus oder fünfte Auto zu kaufen. Sie bleiben zurück. Wenn es also um materielle Dinge nicht geht, muss es sich um immaterielle Aspekte handeln. Die Phase „Leben" ist meiner Meinung nach dafür da, hier zu lernen. Dafür steht uns eine begrenzte Lebenszeit zur Verfügung. Wir können sie nutzen, dann haben wir vielleicht einen Nutzen, wie auch immer er aussehen mag. Verstreicht unsere Zeit ungenutzt, gehen wir das Risiko ein, Chancen zu verpassen. Dieses Verpassen zu vermeiden ist mein innerer Antrieb. Irgendwo bleibe auch ich der Lotto-Spieler, der auf seine Chance hofft.

Im Alltag werden diese Themen allzu häufig zugedeckt. Die Wenigsten möchten über ihr Ende nachdenken. Meist sind wir so eingespannt, ohne zu merken wie die Zeit vergeht. Die Frage „Was bleibt?" treibt nicht nur mich um. Wir benötigen also eine Möglichkeit, Ruhe und Stille zu finden. Zeit zum Nachdenken. Die Suche nach Möglichkeiten Freiräume für Gedanken zu schaffen und diese zu nutzen.

Was bedeutet die Stille für den Mann?

Stille ist eine Möglichkeit sich zu spüren. Der Mann hat es in seiner Vergangenheit meist so gehalten, dass er sich zurückgezogen hat, wenn er in sich hineinschauen wollte. Symbolisch stellt dies die oft beschriebene und klischeebehaftete „Höhle" da. Dort fand er die Ruhe, die er suchte.

Auch heute noch löst der Mann einen Großteil seiner Probleme nicht im Gespräch, sondern für sich. Wie oft höre ich Frauen klagen, dass sich ihr Mann in Schweigen hüllt und nicht mit ihr redet. Er hat sich dann zurückgezogen, ist eingetaucht in seine Welt, in der es keine Besucher gibt. Heute wird es dem Mann immer schwerer gemacht. Überall sind Frauen, die ihm ihre Sicht der Dinge erzählen wollen und ihn aus seinem In-sich-Zurückgezogensein zerren. Er soll sich öffnen, in der Partnerschaft Gespräche führen, zum Arzt gehen, sich liebevoll um die Kinder kümmern, der Frau die Wünsche von den Augen ablesen, sich pflegen, gut riechen usw. Wie oft sagt die Mutter ihrem Sohn, er solle sie anschauen, wenn sie mit ihm spricht. Und wie oft blockt der Sohn genau dann ab oder bekommt einen glasigen Gesichtsausdruck, als ob er durch seine Mutter hindurchschaut? Und wie oft redet genau der Sohn dann mit ihr, während er aus dem Fenster schaut oder in der Küche das Geschirr abtrocknet?!

Die meisten Männer können nicht den weiblichen Weg gehen, denn er ist nicht ihre Welt. Warum auch? Es gibt Unterschiede zwischen Mann und Frau. Der Mann soll seine Seele auf dem Tisch ausbreiten. Dabei wird er ungeduldiger, reizbarer, unzufriedener, weil er tief in sich erkennt, dass er nicht die Zeit hatte, in Ruhe über einen Sachverhalt nachzudenken. Reden und Denken geht bei uns Männern nicht gleichzeitig. Die Technik des Rückzuges zu uns selbst, haben wir fast verlernt. Schon unsere Väter und Großväter der letzten 200 Jahre haben sie uns nicht mehr gelehrt. Nicht sie nahmen uns an die Hand, sondern die Mütter, die Kindergärtnerinnen und die Grundschullehrerinnen. Doch die zeigten uns nicht männliche, sondern weibliche Strategien, z. B. die der Kommunikation, die sie so hervorragend beherrschen.

Heute ist die „Höhle" nur noch ein Synonym für das Archaische im Mann. Dabei ist die Höhle nicht mehr aus Stein, kalt, feucht und im dunkleren hinteren Teil lauert der Höhlenbär. Die heutige Höhle ist das eigene Auto, ist die alleinige Wanderung, ist das Joggen, das Angeln, der Hobbykeller, die Autowerkstatt, die Vogelbeobachtung, die Jagd, das Stadion etc.

Männer und Frauen schalten unterschiedlich stark ab. Kann der Mann sein Gehirn auf 10% Aktivität runter fahren, klappt das bei der Frau nur um 10%[1]. Für die Frau hätte ein Rückzug in eine Höhle überhaupt keinen Sinn, weil ihr Gehirn hochtourig weiterarbeitet. Wir Männer dagegen sind in einem Raum, egal welcher, in dem wir alleine sind, durchaus gut aufgehoben, weil wir so die Stille in uns besser hören können.

Stille ist auch, die eigenen Gedanken zu reduzieren, bis nur noch das Gefühl übrig bleibt. Frauen benötigen da eher andere Strategien, wie den Austausch untereinander.

1 Pease & Pease (2002)

Vielfach wird in der Literatur beschrieben, dass Frauen beim Reden Denken. Klingt platt, ich weiß, aber wer das Glück hat mit einer Frau zusammenleben zu dürfen, kennt das. Es geht manchmal nur darum, für sich während des Redens Dingen zu sortieren und wir Männer glauben irrtümlicher Weise, wir müssten ihr einen Lösungsvorschlag unterbreiten, doch den will sie gar nicht hören.

Ein Aspekt aus der Biologie ist die Aufteilung unseres Gehirns. Beim Mann sind Gefühls- und Gesprächszentrum auf verschiedene Gehirnhälften verteilt. Er hat morphologisch einen anderen Zugriff auf seine Gefühle mittels Sprache. Bei der Frau verteilen sich Gefühls- und Gesprächszentren auf beide Gehirnhälften. Die Frau hat dadurch einen schnelleren und direkteren Zugriff. Beides hat sich in der Evolution als geeignet bewährt, denn der Mann musste bei seiner Arbeit nicht direkten, zeitnahen Zugriff auf seine Gefühle haben, während der Umgang der Frau mit den Kindern, ohne Zugriff auf die Gefühle, schwierig geworden wäre. [2]

Dies ist eine Anpassung an frühere Aufgaben. Hatte der Mann seine Aufgaben erfüllt, konnte er abschalten. Die Frau versorgte Kinder und Haushalt. Der Mann baute das „Nest" und beschützte es, für die Pflege und die sozialen Kontakte sorgte die Frau. Heute leben wir in einer modernen Welt mit modernen Anforderungen, aber unser Gehirn, unsere Aufmerksamkeit wurde über Jahrmillionen anders ausgebildet. Es ist anders getaktet!

---

2 Moir & Jessel (1990)
Pease & Pease (2002)

Gehe ich morgens meine Runde um den nahe gelegenen See und treffe dort auf Angler, dann geht es in 90% aller Gespräche mit ihnen nicht um den Fisch, für den sie „offiziell" hier sind, sondern es geht ihnen um die Ruhe, die sie hier finden. Nur dasitzen und denken oder vielleicht auch nicht einmal das. Es läuft kein Radio, das Handy hat keinen Empfang. Die meisten sitzen hier allein, schauen einfach nur vor sich hin, hinaus auf den See. Sind sie doch einmal zu zweit, hat jeder sein eigenes Zelt. Jeder sitzt den überwiegenden Teil des Tages vor seinem Zelt und denkt nach. Dieses Grübeln ist nicht negativ. Natürlich gibt es von Zeit zu Zeit ein kurzes Pläuschchen mit dem Angelkollegen. Schließlich will man schon im Angelduell den größeren Fisch gefangen haben, aber man trennt sich auch schnell wieder.

Frauen dagegen unterhalten sich gerne und auch ausführlich. Nach Kirchstein (2015) geben Männer durchschnittlich etwa 7.000 Kommunikationsträger pro Tag von sich (Wörter, Tongeräusche, Körpersignale), Frauen dagegen ca. 20.000. Der Angelplatz wäre für sie der falsche Ort. *Ich habe hier noch keine einzige Frau beim Angeln getroffen. In der Zeit vom 17.04.2015 bis 17.04.2017 waren immerhin 456 Angler am See.*

Wesentlich ist die Schlussfolgerung auf diese Beobachtung: Nehme ich dem Mann die Gelegenheit in seine symbolische Höhle zu gehen, nehme ich ihm ein wichtiges Werkzeug seine Gedanken zu sortieren. Dabei ist eine „Höhle" immer ein X-beliebiger Rückzugsort, an dem er ungestört für sich sein kann. Löst er nicht seine Probleme oder nennen wir es weniger dramatisch, Fragestellungen, häuft er diese in sich an, bis er krank wird oder ausbricht, sich mit Gewalt die Ruhe nimmt, die er sucht. Vielleicht zerschlägt er dann mehr Porzellan, als er wirklich will. Oder er geht, weil er für sich keinen Weg findet, in die Betäubung, beginnt zu trinken oder zieht sich in eine digitale Welt zurück.

Ruhe für den Mann ist eine Möglichkeit, Probleme zu lösen, diese zu durchdenken, um Lösungen zu finden. Ruhe und Stille sind aber auch der Ort für Neues. Hier beginnt seine Kreativität, hier kann er weiterdenken, seiner Fantasie freien Lauf lassen. Nur durch Ruhe kann er neue Dinge schaffen, seine Kreativität entfalten, die im Alltag durch den umgebenden Lärm oder durch die von außen gesteuerte Arbeit, verdeckt wird. Die Höhle ist nicht nur Blick zurück, um Gewesenes zu reflektieren und Probleme zu klären, sondern auch der Beginn für Neues, als Blick nach vorn, in eine selbstgestaltete Zukunft.

Blockaden

Ja, Männer sind anders als Frauen. Sie leben anders, drücken ihre Gefühle anders aus, haben andere Vorlieben als Frauen, sind manchmal schwer zu verstehen. Deshalb sind wir Männer aber noch lange nicht behindert, ein Überbleibsel der Natur oder gar rückständig und überflüssig, wie radikale Anhängerinnen der Genderbewegung uns weiß machen wollen. Vor Kurzem las ich ein Buch über „männliche Sozialisation". Da ich Bücher häufig gebraucht kaufe enthielt es den Stempel meines Vorbesitzers. Dort stand:

Eigentum des Sächsischen Staatsministeriums für Kultus
– Berufbegleitende Weiterbildung –
FR Geistigbehindertenpädagogik.

In einer Welt, deren Gefühle vor allem von Frauen benannt und definiert werden, beschreibt man Männer als fehlerhaft, weil sie meist nicht über Gefühle sprechen. Immer wieder höre ich Frauen sagen, dass wir doch zu unseren Kumpels gehen sollen, um dort über unsere Gefühle zu sprechen, wenn wir das in der Partnerschaft schon nicht tun wollen. Wir Männer sprechen aber mit unseren Freunden in aller Regel nicht über unsere Gefühle. Wir reden über Hobbys, Fußball, Beruf, Politik oder wie wir etwas bauen, aber nicht über unsere Gefühle. Tief in uns steckt immer noch der Teil, der uns sagt: „Wenn ich über meine Gefühle spreche, mache ich mich angreifbar, werde ich verletzlich, gelte ich als weich." Männer möchten auch bei langjährigen, guten Freundschaften zwischen Männern, nicht am Ende einer imaginären Rangfolge stehen, die sich fast immer automatisch aufbaut. Dabei ist diese gar nicht schlecht. Sie gibt uns eine Stellung, mit der wir arbeiten können. Frauen dagegen haben meistens keine festen Hierarchien in der Gruppe. Frauen bauen Netzwerke. Deshalb fällt es ihnen auch leichter als Männern, sich Hilfe zu suchen. Zu akzeptieren, dass es auch anders geht, fällt vielen Frauen schwer – oder sie wissen gar nichts davon.

Männer nutzen also andere Strategien als Frauen, um Gefühle zu sortieren. Sie gehen dafür lieber in die Ruhe. Aber ist das heute noch legitim? Hat sich unsere Gesellschaft nicht schneller entwickelt, als die Evolution „veraltete" Strategien durch Neue ersetzen konnte? Und wenn wir doch auf unsere alten erprobten Wege zurückkommen wollen, weil wir diese verinnerlicht haben: Müssen wir uns unsere Ruhe in der heutigen Zeit wieder neu erkämpfen, weil unsere Wege scheinbar nicht mehr zeitkonform sind?

Ruhe finden, heißt, eigene Wege suchen und gegen Widerstände ankämpfen, sich durchsetzen. Die Ruhe und die Suche nach ihr sind zwangsläufig mit dem Aufbau eines eigenen Selbstwertgefühls verbunden. Es sich einzugestehen, dass mir die Ruhe guttut und ich sie zum Leben brauche wie Wasser, Nahrung und Luft, erfordert Mut. Wenn ich nicht zur Ruhe komme, kann ich nicht über mich nachdenken und entwickle keine eigenen Ideen und keine eigene Meinung. Ich werde, wie Dieter Wischmeyer es in einem Sketch nannte, zur bundesdeutschen Biomasse mit Internetanschluss.

Und wer hält uns von der eigenen Ruhe ab? Wir Männer

sind auch selbst dafür verantwortlich. Das Internet ist eine Versuchung. Mit seinem Überangebot an Daten, das uns von Information zu Information treibt, verbrauchen wir unsere Freizeit. 97 % der Informationen sind reiner Datenmüll. Die Spielindustrie zieht uns in den Bann. Wir verbringen Tage vor ihnen und vergessen, miteinander zu sprechen. Der Arbeitsplatz treibt uns. Sogar nachts sollten wir erreichbar sein. Für das Handy opfern wir bereitwillig eine Hand, um es ständig zu halten. Es könnte ja jeden Moment etwas Wichtiges mitgeteilt werden. Das Fernsehen textet uns zu mit Filmchen, Dokus, Soaps, Informationsmagazinen, Spielshows, Talkrunden. Am nächsten Tag ist bereits alles wieder vergessen. Wir sind damit beschäftigt, den ganzen Tag Informationen zu sichten und zu bewerten. Dabei sind nur 2 bis 5 Prozent davon für uns wirklich wichtig. Der Rest blockiert, hält davon ab, selbst aktiv zu sein. Es hält davon ab in die Höhle zu gehen, um über sich selbst nachzudenken. Es ist wie die Betäubung durch Genussmittel. Das erste, zweite, dritte Bierchen oder auch das vierte und fünfte. Es ist eine Betäubung, die es uns leicht macht, mit unerfüllten Wünschen klarzukommen.

Wir Männer haben oft den Hang in die Betäubung zu gehen. Dann müssen wir uns nicht den bohrenden Fragen stellen. Schon schließt sich ein Kreis: Will ich nicht wirklich an meiner Frage arbeiten, kann ich mich ablenken, Zuflucht in Alkohol, Drogen jeglicher Art, exzessivem Sport oder Arbeit suchen. Ich finde leicht Wege, um allem aus dem Weg zu gehen und meine Persönlichkeitsarbeit zu umgehen.

Natürlich können wir uns auch dafür entscheiden, die Daten- und Betäubungsflut zu ignorieren. Einigeln, Fehlan-zeige, denn bald steht dann der Nachbar an der Tür und fragt: „Und? Schon gehört?" Das Umfeld, unser soziales Leben, drängt uns permanent in eine Richtung und wir müssen stark sein, um zu äußern, das es uns nicht interes-siert, denn sofort beginnt die Ausgrenzung, das vorwurfs-volle Fragen: „Warum interessiert es dich denn nicht?"

Wir Männer sind wie viele Spinnen in einem Netz. An jedem Knotenpunkt sitzt ein Mann. Alle sind miteinander verbunden. Es gibt den Mann in der Nähe des Zentrums, der bei der kleinsten Bewegung eines anderen Mannes au-genblicklich in Schwingungen gerät und es gibt den Mann ganz außen am Rand. Die Freiräume der Männer im Zen-trum sind gleich null, die Freiräume am Rand sind größer aber auch die Gefahren aus dem Netz zu fallen. Dafür hat der Mann dort mehr Ruhe vor den anderen. Frauen dage-gen sind Netzwerkerinnen[3]. Sie lieben es, Netze zu span-nen, sich darin auszutauschen, mit Netzen synchron zu schwingen. Ein weiterer Punkt, der uns Männer von den Frauen unterscheidet.

Frauen wird dagegen oft eine mangelnde Entscheidungs-kompetenz attestiert. Dabei benötigen sie nur länger, da sie viel mehr Variablen in ihre Entscheidung einbeziehen. Sie nutzen alle Informationen, die in einem Netz verfügbar sind. Deshalb sitzen sie auch lieber in der Nähe des Zent-rums. Männern dagegen wird Entschlussfreudigkeit nach-gesagt, weil sie schneller entscheiden[4]. Kunststück, denn sie beziehen ja auch weniger Aspekte in eine Entscheidung

---

3 Moir & Jessel (1990), Gray (1998)
4 Moir & Jessel (1990)

mit ein. Sitzen wir demnach doch eher am Rand des Netzes? Was sollen wir auch im Netzzentrum? Wir benötigen oder nutzen doch gar nicht alle Informationen. Wäre es nicht eine gesunde Aufteilung, wenn wir Männer und Frauen gemeinsam im Netz sitzen würden? Die Frauen näher am Zentrum und die Männer eher am Rand?

Was willst du, Mann? Willst du Teil des Ganzen sein? Dann sitzt du nahe am Zentrum und bekommst jede Information unabhängig von ihrer Qualität mit. Deine Räume für freie Entscheidungen sind dann gering oder fehlen gänzlich. Du wirst von anderen gesteuert. Oder sitzt du am Rand, bekommst zwar nur einen Teil der Informationen mit, hast dafür Freiräume. Es besteht aber auch die Gefahr herabzufallen. Es ist die Einordnung für das eigene Leben. Wo wollen wir wirklich stehen? Was ist uns zu viel, was ist uns zu wenig? Kommen wir besser mit Kontrolle und Einfluss zurecht oder benötigen wir den Raum für die eigenen Freiheiten? Unter Freiheiten verstehe ich nicht Verantwortungslosigkeit oder ungebunden zu leben. Freiheit ist für mich die Freiheit im Kopf. In Richtungen zu denken, die mir nicht vorgegeben werden. Und wenn sie nicht vorgegeben werden, müssen sie von mir selber kommen. Nur dann sind es die eigenen Entscheidungen und Ideen, die mich führen.

Hilfreich kann es sein, zurückzusehen. Wie lebten Männer in früheren Zeiten? Vielleicht verstehen wir dann die aktuelle Situation besser.

Der Mann in der vorindustriellen Zeit

Wenn wir von der Zeit vor der industriellen Revolution sprechen, ist das der mit Abstand längste Abschnitt unserer Entwicklung. Biologen gehen davon aus, dass wir uns vor ca. acht Millionen Jahren von den Primaten abgespalten haben. Vor ca. sechs Millionen Jahren, aufgrund sich ändernder Umweltbedingungen, stellten wir unseren Gang auf zwei Beine um. Die Arme wurden frei, um andere Aufgaben zu übernehmen. Vor ca. drei Millionen Jahren haben wir die ersten Steinwerkzeuge entwickelt, vor 800.000 Jahren begannen wir das Feuer zu nutzen, vor ca. 12.000 Jahren stellten wir unsere jagende und sammelnde Tätigkeit für die Ernährung auf die Landwirtschaft um. Gleichzeitig gründete man die ersten Siedlungen, weil die Menschen nun sesshaft wurden. Vor 6.000 Jahren wurden unsere Siedlungen größer, so dass sie stadtähnliche Größe erreichten. Nun begann die Entwicklung von Dienstleistungen und Verwaltungen. Die allgemeine Verstädterung begann erst im 19. Jahrhundert[5].

Entwickelte sich dies auf der Makro- oder Populationsebene der Menschen, so wollen wir vereinfacht auch auf die Mikroebene schauen: Was entwickelte sich zwischen Mann und Frau? Parallel zur Entwicklung der Menschheit, entwickelten sich klare Rollen und Aufgabenverteilungen. Vieles davon war und ist biologisch bestimmt. Dies hat zur Folge, dass sich diese Aspekte nur langsam ändern werden und noch heute in uns erhalten sind. Die Natur schafft durch eliminierende Selektion nur die Entwicklungen wieder ab, die für eine Population schädlich

5 Wilson (2013)

sind. Alle Entwicklungen, die positiv sind, werden durch eine erhöhte Vermehrungsrate an die Nachkommen weitergegeben. Entwicklungen, die in der Zwischenzeit ihren positiven Charakter verloren haben, aber letztlich nicht schädlich oder hinderlich sind, verbleiben im menschlichen Erbgut und können wieder „angeschaltet" werden, wenn sie erneut einen Vorteil bedeuten.

Heute gehen wir davon aus, dass es keine rein biologische Entwicklung gab, sondern dass sich die Kultur des Menschen parallel entwickelte. Dabei bedingen sich beide Aspekte gegenseitig. Eine parallele Entwicklung zwischen Biologie und Kultur, nennt man Epigenetik oder Gen-Kultur-Evolution[6]. Auch das Genetische ist nicht starr und fixiert. Es schafft einen gewissen Rahmen. Wenn wir eine bestimmte Handlung ausüben, fällt sie uns leichter, wenn genetische Vorgaben dafür angelegt sind. Ein kleines Beispiel: Haben wir die Strukturen im Gehirn um leicht mathematische Probleme zu lösen, so ist es wahrscheinlich, dass wir später eine Aufgabe im Beruf übernehmen, für die das Wissen um mathematische Zusammenhänge von Vorteil ist. Es ist aber eher unwahrscheinlich, dass wir eine Aufgabe übernehmen werden, die rein gar nichts mit mathematischen Fähigkeiten zu tun hat. Da es uns leicht fällt eine genetische Vorgabe im Alltag umzusetzen, sind wir in diesem Bereich in aller Regel auch erfolgreich, weil wir dabei Energie einsparen können. Erfolgreich bedeutet aber auch, dass wir eine erhöhte Wahrscheinlichkeit haben, uns zu reproduzieren. Mehr Nachkommen haben dann unser genetisches Material, so dass sich ein erfolgreicher Weg weiterentwickelt. Dagegen haben die Menschen, die

---

6 Wilson (2013)

sich immer mühsam durchbeißen müssen, einen Nachteil, weil sie in aller Regel eben nicht erfolgreich sind, sondern nur so gerade über die Runden kommen. Sie müssen ihre Energie anders nutzen, nämlich für ihr Überleben sorgen. Daraus folgend haben sie meist auch weniger Nachkommen, sind also biologisch betrachtet nicht so erfolgreich. Sie haben weniger Nachfahren und sterben letztlich aus.

Dieser Weg wurde über Millionen von Jahren mit dem Ergebnis gegangen, dass heute Milliarden von menschlichen Nachfahren auf der Erde leben, alle konnten sich vermehren, weil sie Eigenschaften aufwiesen, die für sie in ihrer Umwelt von Vorteil waren. Nicht erfolgreiche Menschen gibt es heute nicht mehr, ihre Gene starben in aller Regel, weil die Anzahl ihrer Nachkommen gering war. Wir, die wir heute auf dieser Erde leben, sind Produkte erfolgreicher Eltern, Großeltern, Ur-Großeltern etc. Wir sind die Sieger.

Im Laufe der Evolution hat sich zwischen Mann und Frau dabei eine Arbeitsteilung entwickelt, die in Aufteilung von Geschlechterrollen mündete. Die Männer waren für das Außen (z. B. Landwirtschaft, Jagd, Krieg) und die Frauen für das Innen (z. B. Kindererziehung, Pflege von Angehörigen, Sammeln) zuständig. Jeder hatte seinen Weg, für den er verantwortlich war und den er mit der Zeit immer perfekter ausfüllte. Dieser Weg wurde über viele Jahrtausende beschritten, so dass nicht nur Aufgabenprofile manifestiert wurden, sondern sich auch unsere Körper daran anpassten. Ob dieser Weg der einzig gangbare war, vermag ich nicht zu sagen, bezweifle dies aber. Biologisch gesehen gab es sicher auch andere Wege.

Tätigkeiten, die zwischen den Kulturen gleich sind. Der angegebene Prozentsatz ist die Rate, in wie vielen Kulturen diese Aufgabe spezifisch für das entsprechende Geschlecht vorkommt.

männlich

Großtierjagd (100%)

Krieg führen (100%)

Metallbearbeitung (100%)

Herstellung Waffen (100%)

Fertigung Instrumente (98%)

Fischerei (90%)

Viehherdenbetreuung (82%)

Vorbereitungsarbeiten beim Ackerbau (80%)

weiblich

Kinderbetreuung (100%)

Kochen (95%)

Wasser holen (93%)

Herstellen und Reparieren von Kleidung (84%)

Töpferei (83%)

Getreidemahlen von Hand (94%)

Lasten tragen (72%)

Sammeln von Nahrung (75%)

Pflanzen und Ernten von Früchten (70%)

Feuermachen und -unterhalten (73%)[7]

---

7 Bischof-Köhler (2006)

Da die Frauen die Kinder bekommen und durch eine lange Schwangerschaft, aber auch noch lange Zeit nach der Geburt (Ernährungsphase durch die eigene Milchproduktion) an das Kind gebunden waren, sie in dieser Zeit also nur eingeschränkt in der Lage waren hochwertige, proteinreiche Nahrung (Fleisch) zu erjagen; brauchten sie die Fähigkeiten des Mannes. Ihre Tätigkeit ist die Gestaltung des Nestes, das Sammeln von Früchten und später der Anbau von pflanzlichen Produkten in der Nähe ihres Wohnortes. Die Wahrscheinlichkeit, dass das Kind überlebt ist somit höher.

Der Mann hingegen, nicht unmittelbar gebunden an ein Kind, konnte alleine oder in Kleingruppen mit anderen Männern den Wohnort verlassen, um für seine Familie Fleisch zu erjagen. Durch die Aufteilung in unterschiedliche Aufgabenbereiche über einen sehr langen Zeitraum hinweg, haben sich Funktionen unseres Körpers herausgebildet, die dieses Leben unterstützten. So ist beispielsweise der Mann an kraftintensive Tätigkeiten bestens angepasst, während die Frau optimal an ein Leben mit Kindern angepasst ist. Es gibt bereits zahlreiche Publikationen zu den körperlichen Unterschieden.[8]

Aber was sagt das über den Mann aus, insbesondere im Blick auf Ruhe und Stille?

Der Mann war durch seine Aufgaben häufig alleine unterwegs, sei es auf der Jagd oder in der Landwirtschaft.

---

8 Bischof-Köhler (2006), Hollstein (2012), Birkenbihl (2008), Eisenegger (2014), Gilmore (1991), Gray (1998), Kasten (2003), Kratochvil (2012), Moir & Jessel (1990), Pease & Pease (2002), Schwanitz (2003), Stamm (2007), Stolz & Häntzschel (2013), Travison et al. (2007), Weber-Kellermann (1991), Wilson (2013) etc.

Er verbachte viel Zeit allein. Immer war er während dieser Tätigkeit mit sich selber beschäftigt, während die Frau ihre Fähigkeiten in der Kommunikation laufend perfektionierte. Sie war meist von ihren Kindern, vielleicht anderen Frauen mit wiederum deren Kindern und den älteren Menschen, die nicht mehr auf die Jagd gehen konnten, umgeben. Noch heute kümmern sich Frauen 10 Mal häufiger um ihre pflegebedürftigen Angehörigen als Männer[9]. Und noch heute teilen bei Scheidungsprozessen die Gerichte den Frauen die Kinder häufiger zu als den Männern.

Wichtig ist in diesem Zusammenhang die Dauer der Phasen vor und nach der industriellen Revolution zu betrachten. Wir können davon ausgehen, dass die Phase der vorindustriellen Revolution Hunderttausende von Jahren andauerte, die danach nur ca. 200 Jahre. Viele Rollenbilder konnten sich über einen sehr langen Zeitraum festigen und wurden von Generation zu Generation weitergegeben. Mit dem industriellen Zeitalter seit Mitte des 18. Jahrhunderts entstand eine völlig andere Situation. Die Lebensumstände veränderten sich rasant.

---

9 Hammer (2014)

Der Mann nach der industriellen Revolution

Als industrielle Revolution wird eine fundamentale Veränderung der wirtschaftlichen und sozialen Verhältnisse, also der Arbeitsbedingungen und Lebensumstände beschrieben. Seit dieser Zeit ist Vieles, was zuvor Millionen von Jahren Bestand hatte, verändert. Der Mensch nutzt die Möglichkeiten sich neu auszurichten. Beispielsweise können Frauen heute problemlos schwerere körperliche Arbeiten in Berufen der Männer verrichten, weil die Körperkraft durch Maschinen ersetzt wird. Gleichzeitig sind sie nicht mehr zwingend darauf ausgerichtet das „Innen", das Nest, allein ausfüllen zu müssen. Sie haben meist die gleichen Rechte und Möglichkeiten auch für das „Außen" bekommen. Ähnliches gilt für den Mann, der nicht mehr zwingend nach Draußen muss, sondern auch mehr Anteile im „Innen" übernehmen kann. Althergebrachte Rollen wurden in Teilen neu definiert.

Die Epoche bis zum 18. Jahrhundert war sehr lang. Die Menschen, als Teil der Natur, haben sich in eine erfolgreiche Richtung entwickelt, wie wir heute noch an uns sehen, sonst wären wir heute nicht mit 7,5 Milliarden Menschen (Stichtag 31.12.2016, Tagesschau) auf der Erde vertreten.

Unser Körper mit seinen morphologischen Merkmalen ist aber immer noch für die Zeit vor dem 18. Jahrhundert angepasst. Zugleich soll er sich auf neue Rollenbilder einstellen. Das wird der Mensch zweifelsohne auch tun, wie viele Aspekte es heute bereits zeigen. Zum Beispiel bildet sich im Unterarm des Menschen eine neue Arterie, weil die Finger mehr benötigt werden und sich die benötigte

Blutmenge für die Finger erhöht hat. Innerhalb von 100 Jahren haben von ursprünglich 10 % aller Menschen mittlerweile 30 % diese neue Arterie. Aber alle Änderungen, sowohl morphologischer aber auch ethnologischer Art, werden innerhalb von 200 Jahren nicht umsetzbar sein, auch nicht in den kommenden 200 Jahren! So gehen sogar Soziologen davon aus, dass eine einzelne neue Verhaltensweise mindestens fünf Generationen benötigt, also ca. 150 Jahre, bis sie in der Population vollständig integriert ist.

Um den Zeitraum seit den fundamentalen Veränderung zu verdeutlichen, nehmen wir an, dass eine menschenähnliche Entwicklung mit ersten typischen Verhaltensweisen vor ca. fünf Millionen Jahren einsetzten, dann sind die vergangenen 200 Jahre gerade mal der 25.000ste Teil dieses Zeitraumes. Aus meiner Sicht sehen wir deshalb heutige, vielleicht notwendige Veränderungen, mit viel zu viel Ungeduld. Ein gewisser Druck ist wünschenswert. Aber wir werden uns damit überfordern, wenn wir alles und sofort anpassen wollen. In dieser Hinsicht halte ich eine schnelle Abwandlung von tiefgreifenden Verhaltensmustern, die über Millionen von Jahren gewachsen sind, für faktisch nicht möglich. Sie sind auch nicht sinnvoll, weil eine Anpassung immer schrittweise erfolgt und nur selten in Sprüngen. Es gibt zu viele Aspekte, die auf diesem Weg mitgenommen werden müssen, wenn er erfolgreich bewältigt werden soll.

Bis auf den urbiologischen Aspekt des Kinderkriegens soll der Mann heute im Grunde genommen Eigenschaften der Frau übernehmen bzw. wahrnehmen. Er soll den Haushalt genauso führen können, gefühlsbetont sein, genauso gut mit den Kindern umgehen können und kommunikationsstark sein etc. Das Gleiche gilt für die Frau, die im Beruf ihren Mann stehen soll. Da werden Girlsdays an den Schulen durchgeführt, damit Mädchen vermehrt in technischen Berufen vertreten sind. Frauen sollen in gleicher Anzahl in den Chefetagen wirken wie ihre männlichen Kollegen. Im Grunde genommen geht es zumindest in der westlichen Welt um die Auflösung des Rollenbildes und einer Homogenisierung des Menschen.

Aber wie sieht die Realität wirklich aus? Dazu verweise ich auf die interessante Reportage des norwegischen Soziologen Harald Eia aus dem Jahr 2013. Aber auch Birkenbihl (2008), Bischof-Köhler (2006), Hammer (2014), Hollstein (2012), Kasten (2003), Kratochvil (2012) oder Schwanitz (2003), um nur einige zu nennen, zeigen in ihren Werken deutlich auf, wie verwurzelt wir noch in der Vergangenheit sind und wie modern wir uns heute zu geben haben.

Das führt zu einer ganzen Reihe von Konflikten, die letztliche eine tiefe Zerrissenheit offenbaren. Wir könnten sie umgehen, wenn wir alte Anteile für uns akzeptieren. Festzustellen bleibt, dass auch heute noch klassische Rollenbilder und -verteilungen zum Beispiel in der Berufswelt an der Tagesordnung sind. So sind nach wie vor die sozialen Berufe, wie Pflege und Erziehung, eine klassische Domäne der Frau, während technisch orientierten Berufe mehrheitlich von Männern ausgeübt werden.

Allerdings beginnt eine gewisse Durchmischung. Aber von einer gleichberechtigten und gleichverteilten Aufgabenwelt können wir definitiv nicht sprechen. Ihre Realisierung ist Zukunftsmusik. Über einen langen Zeitraum muss es eine stabile Umwelt geben, damit ein homogenisiertes Menschengeschlecht entstehen kann. Die Natur bevorzugt erfolgreiche Modelle und merzt für eine Population negative Eigenschaften radikal aus.

Was würde also mit den Menschen in der westlichen Welt geschehen, wenn einfach nur der Strom über einen längeren Zeitraum, sagen wir ein halbes Jahr, ausfallen würde und wir nicht so ohne weiteres in den nächsten Supermarkt gehen könnten, um dort unser Mittagsessen zu kaufen. Kein Strom heißt: keine Kühltheke, keine Landwirtschaft mit Maschinen und vieles andere mehr. Sofort wären wir wieder da, wo wir vor dem 18. Jahrhundert waren: bei einer dann wieder notwendigen klassischen Rollenverteilung. Eigenschaften, die wir im Laufe unserer Geschichte erworben haben, kämen erneut zum Einsatz. Wir leben auf einem schmalen Grat. In unserer technisierten Welt hängt alles davon ab, dass wir Strom zur Verfügung haben. Strom ist also für uns ein grundlegender Bestandteil einer stabilen Umwelt, wenn die Rollenverteilungen irgendwann einmal aufgehoben sein sollen.

Vielleicht ist dies aber auch typisch menschlich. Eine Entwicklung verläuft niemals gradlinig, sondern immer in Kurven, die sich um einen Mittelwert schlängeln. Es gibt Zeiten, wo das eine überwiegt und für eine Gruppe A eher negativ ist. Dann treten Veränderungen ein. Nun ist Gruppe A im Vorteil, aber Gruppe B im Nachteil. Und wieder treten Änderungen ein und dabei nähert man sich schrittweise einem Mittelwert an, bis beide Gruppen zufrieden sind. Ähnliches gilt für die menschlichen Geschlechter. Waren die Frauen lange Zeit benachteiligt, sind es in vielerlei Hinsicht heute die Männer. Irgendwann wird es sich ändern und beide Geschlechter werden sich annähern. Es besteht also kein Grund zur Panik aber die Notwendigkeit des gemeinsamen Arbeitens und der Kommunikation.

Konsequenzen aus der Geschichte

Ist der Zeitraum einer Entwicklung sehr lang und die Zeitspanne der gewünschten Veränderungen sehr kurz, kann es von Vorteil sein, alte, evolutiv erfolgserprobte Verhaltensweisen aus unserer Vergangenheit in unsere jetzige Zeit zu integrieren. Dazu gehören aus meiner Sicht auch klassische Rollenmuster. Dabei ist genau zu prüfen, welche tatsächlich notwendig sind. Nicht jedes alte Rollenmuster war gut! Aber unsere Verhaltensmuster haben sich nicht ohne Grund herausgebildet. Sie gaben uns Sicherheit, weil viele Strukturen sortierter waren und nicht hinterfragt werden mussten. Klares, aufgeräumtes Leben innerhalb einer traditionellen Familienstruktur. In der heutigen Zeit brechen diese Strukturen radikal auf. Das hat Verunsicherung zur Folge.

In unserer heutigen Zeit entfernt sich der Mensch gern von der Natur. Er lebt, als ob er nie ein Teil von ihr gewesen wäre. Dabei sind wir genauso Säugetiere, wie die vielen anderen mit uns lebenden Arten, aber mit einem kleinen, entscheidenden Unterschied:

Der Mensch kann über sich selbst nachdenken, reflektieren und somit das Handeln von den Instinkten lösen. Und dennoch werden instinktive Handlungsweisen an den Tag gelegt, wenn wir in bestimmte Situationen geraten. Sei es das Ausschütten von Adrenalin in Gefahrensituationen oder die höhere Stimme der Frauen/Mütter, die mit einem Baby sprechen. Es geschieht unwillkürlich und ist mühsam, sich vor Augen zu halten, dass diese oder jene Handlung nicht nötig wäre. Oder sagen wir es anders: Wir kämpfen jedes Mal gegen unsere Natur an.

Warum eigentlich? Es ist ja nicht schlecht, wenn wir in Gefahrensituationen Adrenalin ausschütten. Wir leben in einem Körper, der über Millionen von Jahren durch die Natur geformt wurde. Sie beeinflusst unser Handeln und Denken. Unsere Möglichkeit der Selbstreflexion ist dabei Trumpf und Hölle zugleich. Vergessen wir diese lange Spanne nicht, sondern binden sie in unsere heutige Zeit ein. So erschaffen wir die Möglichkeit, unsere Lebenssituation mit den vielen neuen Herausforderungen im Einklang mit unserer Geschichte und Traditionen zu meistern.

Ein Besucher einer meiner Vorträge formulierte es so: „Wir müssen schauen, dass wir unsere Kultur eingebettet in unsere Biologie weiterentwickeln.“

Die Unruhe des Mannes heute

Dennoch erleben wir diese Situation nicht als entspannt. Woran leiden aber heutige Männer genau?

Ja natürlich ist die Technik ein Segen. Wir sind ständig und vor allem überall zu erreichen. In meiner Kindheit ging man aus dem Haus und war nicht mehr erreichbar. Heute ist es egal, wo ich mich aufhalte, solange ich das Handy in der Tasche habe.

Neben den beruflichen Anforderungen und den technischen Möglichkeiten, hat sich auch die Gesellschaft verändert. Nach Gilmor (1991) werden Rollenverteilungen dann deutlich ausgeprägt, wenn die Umweltbedingungen „hart" sind, wie beispielsweise bei einigen Naturvölkern in der heutigen Zeit in Wüstenregionen. Unter „hart" versteht Gilmor den puren Kampf um das eigene Überleben und um das der Nachkommen. Sind die Bedingungen „weich", wie bei uns in Europa, dann verschwinden die Rollenausprägungen langsam und stetig. Das führt dazu, dass Rollen neu definiert werden müssen und sich demnach bei uns aktuell ein Wandel vollzieht.

Der Umstand, ob Umweltbedingungen nun „hart" oder „weich" sind, ist aber kein subjektiver Eindruck. Es sind die Bedingungen, die auf uns als biologische Wesen einwirken. Dabei können wir subjektiv die Situation als „weich" beschreiben, obwohl sie eigentlich „hart" ist. Das passiert dann, wenn unser Körper mit seinen Funktionen und Verhaltensweisen bereits an die bestehenden „harten" Bedingungen angepasst ist. Genauso anders herum, wenn der Körper nicht an die bestehenden Bedingungen angepasst ist.

Nehmen wir ein Beispiel, um es zu verdeutlichen: Der Eskimo ist optimal an seine Umwelt und deren Anforderungen angepasst. Er hält die niedrigen Temperatur gut aus, weiß, wie er an Nahrung gelangt und sein Organismus kommt mit der wenigen pflanzlichen, dafür aber mit der überwiegenden tierischen Nahrung gut aus. In einem milden Winter von nur wenigen Graden unter null, würde der Eskimo von „weichen" Bedingungen sprechen. Versetzen wir nun einen Menschen aus den Tropen, sagen wir aus Zentralafrika, in den Lebensraum des Inuit. Dieser wäre erst einmal heillos überfordert. Die Nahrung wäre für ihn kaum zu beschaffen, die Temperaturen entsprächen nicht seinen Erfahrungen etc. Er würde wahrscheinlich dort nicht ohne Hilfe überleben. Der Mann aus Zentralafrika würde die vorgefundenen Bedingungen als ausgesprochen „hart" beschreiben. Dabei sind beides Menschen der gleichen Art *Homo sapiens*. Aber sie leben mit unterschiedlichen evolutionären Anpassungen.

Dies gilt ebenso für uns: Wir leben in einer Zeit zwischen sich verändernden beruflichen, gesellschaftlichen, physiologischen, aber auch morphologischen Bedingungen. Das gilt für Männer und Frauen gleichermaßen. Frauen haben aber früher als Männer erkannt, dass es einen Zeitenwechsel gab und haben diesen aktiv gestaltet. Sie waren vorher häufig die benachteiligte Gruppe und jetzt erkannten sie die neuen Möglichkeiten, Veränderungen herbeizuführen. Wir Männer, als Wesen, die aufgrund ihrer Geschichte das Warten (Jagd) gelernt hatten, warteten, und die Frauen liefen los und veränderten. Sie veränderten aufgrund neuer Freiheiten teilweise sogar mehr, als für uns Männer gut war.

Für die Männer veränderte sich im zwischenmenschlichen Bereich vieles. Irgendwann begannen wir uns auch langsam zu bewegen, sahen aber auch die altgewachsenen Strukturen, auf die wir immer noch intuitiv reagieren. Ein Beispiel: Lars Fischer (2016) berichtet von einem Experiment, in dem Männer sich ihre potentielle Partnerin auf Bildern aussuchen sollten. Die Männer wurden parallel zur Damenwahl einem harten militärischen Training unterzogen. Das forderte sie körperlich stark. Körperlich litten sie unter den bestehenden Bedingungen. Im Abstand von einigen Tagen bekamen die Männer dieselben Bilder vorgelegt und sollten sich für eine etwaige Partnerin entscheiden. Je schlechter es einem Mann körperlich ging, umso fülliger wurde die Frau, die er sich aussuchen wollte. Die sexuelle Präferenz richtet sich direkt nach den Umwelt(-Bedingungen). Üppig ausgestattete Frauen hätten unter „härteren" Umweltbedingungen mehr Ressourcen, um sich und die Kinder durchzubringen, als sehr schlanke Frauen. Die Natur lässt dann den Mann intuitiv genau jenen Frauentyp aussuchen, der für die vorgefundenen Umweltbedingungen geeignet ist, weil dadurch seine Chancen steigen sich erfolgreich vermehren zu können.

Der Mann in der heutigen Zeit muss oder will vielmehr aber einen Spagat schaffen: Er möchte seinen Platz einnehmen, wird vom weiblichen Geschlecht unter Druck gesetzt, sich zu verändern, und hat im Kopf und in seinen Genen immer noch die alten Rollenbilder, die er instinktiv erfüllen möchte. Hinzu kommt, dass er viele Entspannungsstrategien nicht mehr angemessen nutzen kann. Wo soll ein Mann in New York-City einen ruhigen Ort finden, an dem er vollständig abschalten kann?

Selbstbewusstsein, Selbstbestimmung

Im Zentrum sollte eine andere Frage stehen: Was will ich wirklich? Es geht darum, was in Männern abläuft, wenn sie über sich nachdenken. Das ist kein Zauberwerk, hat nichts mit Schwäche zu tun und ist auch nicht weiblich. Es sieht niemand, ist nicht ansteckend und man bekommt keine Pickel. Es ermöglicht aber Dinge zu sehen, die sie vielleicht besser durchs Leben führen.

Sind sich die Männer eigentlich wirklich im Klaren darüber, was sie wollen? Was sagt ihr Gefühl dazu? Erkennen sie die Wünsche ihrer Gefühle? Oder anders gefragt, wer steuert ihren Wunsch: die Natur, die Gesellschaft, die Partnerin, der Chef, die Medien, das Internet, die Kumpels, wir selber?

Wir geben unser Leben immer mehr in die Hände von Dienstleistern. Es „achten" Experten über alle Bereiche unseres Lebens, geben uns Ratschläge dazu, was wir täglich mindestens fünf Minuten tun sollten. Wir können jegliche Verantwortung abgeben und machen das auch gerne, weil es so schön einfach ist und uns scheinbar vor Fehlern schützt. Die Angst vor dem eigenen Fehler führt uns in die Abhängigkeiten anderer Menschen. Dadurch verlieren wir die Verantwortung für unser Leben, unseren Weg, verlieren unsere Mündigkeit, die Möglichkeit eigene Entscheidungen zu treffen. Wir werden wieder zu Säuglingen, weil wir die Dienstleistungsangebote anderer aufsaugen. Das Bauchgefühl wurde im Laufe unserer Erziehung abtrainiert, da vermeintliche andere Eigenschaften wichtiger erschienen.

Moment (!), sind jetzt wieder die anderen an unserem Dilemma schuld?

Als kleine Jungen haben auch die heutigen Männer spontan entschieden. Bauchentscheidungen sind immer irrational. Aber wir leben in einer nüchternen Welt, in der das Handeln rational sein muss, in der die materialistische Wissenschaft mit ihren Strukturen einen beinahe religiösen Status einnimmt. Wer bezweifelt die Aussage eines Professors? Passen die Männer mit ihrer logischen Art und Weise zu denken nicht optimal dazu? Andere Werte erscheinen wichtiger als unser Bauchgefühl. Haben wir Männer nicht auch genau dieses System des logischen Handels entwickelt, weil es so auf uns zugeschnitten erscheint? Haben wir dadurch nicht vielleicht vergessen oder verlernt, die Gefühle zuzulassen? Wie tief sind sie bereits verschüttet, dass wir sie im Alltag nicht mehr sehen? Warum steigen die Depressionszahlen in den vergangenen Jahren so rapide an?

Heute geht man davon aus, dass von den 80 Millionen Einwohnern in Deutschland ca. vier Millionen zumindest an einer depressiven Phase leiden oder gelitten haben. Die Suizidrate der schwer depressiven Menschen liegt bei 15 %, Tendenz steigend[10]! Die pathologisch Betroffenen haben kein Gefühl mehr für ihre eigenen Wünsche. Sie wissen nicht, wo sie suchen müssen, wo das Gefühl beheimatet ist und wurden schwer krank.

Zeit für die Suche haben sie sich nicht genommen. Die Suche wird von einem Tag auf den nächsten verschoben,

10 Stiftung Deutsche Depressionshilfe (2017)

auf einer auf die nächste Woche, den Monat, das Jahr. Und später auf dem Sterbebett wird ihnen klar: Es hätte andere Werte gegeben, die auch wichtig gewesen wären. Aber dann ist es zu spät.

Dies gilt für den nachweislich kranken Mann. Ihre Positionen werden von Statistiken erfasst. Was ist aber mit all den Männern, die noch nicht beim Arzt vorstellig geworden sind, weil sie sich versuchen zu betäuben, um dieser Traurigkeit aus dem Weg zu gehen oder die Gedanken zu verdrängen, damit keine Wunden aufgerissen werden?[11]

Und seien wir ehrlich: Versuchen wir nicht auch immer Gründe zu finden, warum wir nicht an unsere Wünsche denken? Es gibt unendlich viele Gründe sich nicht an dieses Thema zu wagen. Da werden Argumente aus der Verantwortung für andere genommen, die wirtschaftlichen Bedingungen, die Angst um den Arbeitsplatz, den möglichen Verlust einer Partnerschaft. Es werden immer Argumente im „außen" gesucht, aber niemals auf sich selbst verwiesen.

Die Lösung wäre sehr einfach: Ruhe finden und genau hinhören, wenn uns unser Innerstes etwas mitteilen will. Ja, wir müssen es üben, immer wieder, bis die Stimme stärker zu hören ist. Es gilt die Ruhestörer auszuschalten, um Freiraum zu bekommen, für das In-sich-Hineinhören. Das Gefühl wird Dinge benennen, die wir mitunter gar nicht hören wollen, Schmerzhaftes oder Trauriges. Das Gefühl führt uns dahin, wo wir gesunden können. Es ist eine Phase notwendig, in der wir uns selbst bewusst werden. Erkennen, was wir wirklich wollen, was sich für mich gut anfühlt. Sich selbst bewusst zu werden hat auch etwas mit Selbstbestimmung zu tun. Sie war eine alte männliche Tugend, und sollte es wieder sein. Die meisten haben dies leider im Alltag verloren und leben tagein tagaus fremdbestimmt.

Angst

Von unseren Ur-Anlagen her sind wir Männer handelnde Wesen, die anpacken, machen, organisieren, Anweisungen geben und auch ausführen. Es wird nicht lange drum herum geredet, sondern umgesetzt. Die überwiegend weibliche Erziehung hat uns aber verunsichert. Wir sollen uns nicht mehr körperlich messen, sondern reden. Wir sollen Kontakte knüpfen, anstatt eine Hierarchie zu erstellen. Wir sollen weibliche Eigenschaften übernehmen. Eigenschaften, die nicht wirklich alle zum Mann passen.

Heute sehen wir immer häufiger zu, als das wir handeln. Nehmen wir nur die Vorfälle am Kölner Bahnhof in der Silvesternacht 2015/2016. Von einschreitenden Männern hat man nichts gehört. Das nahm die internationale Presse zum Anlass, ausführlich darüber zu berichten[12]. Warum haben wir Männer nicht unsere Frauen verteidigt? Eine uralte Aufgabe, die Familie zu verteidigen und zu schützen. Wir haben nicht eingegriffen, wir hatten Angst!

Sicherlich hatten aber Männer in sich das Gefühl, genau diese Aufgabe übernehmen zu müssen. Gebremst wurden sie von einer weiblichen Erziehung, die dazu führte, dass sie nicht handelten. Wie abstrus! Keine Gewalt bitte! Lieber die Flucht ergreifen. Warum lassen wir uns nicht durch unsere Gefühle leiten? Das muss jetzt nicht gleich zu einer Massenschlägerei führen. Aber auch die Frauen kritisierten das „Nichteingreifen". Suchen nicht gerade Frauen bei Männern Geborgenheit und Sicherheit?

Nach Gefühlen zu handeln kann viele Dinge bewirken. Es kann dazu führen, dass wir wieder männlicher werden, als wir momentan sind, eckiger, vielleicht schroffer. Oder es führt dazu, dass wir unsere weiche Seite erkennen und diese mehr betonen wollen, weil wir sowieso schon eckig sind. Es ist egal, denn wir bestimmen den Weg, den wir ab jetzt gehen möchten. Zugegeben, der Weg dorthin führt dazu, dass wir eine Zeitlang verunsichert sein werden. Wir müssen uns erst kennenlernen. Das ist aber nicht schlimm, denn Veränderungen führen immer dazu, dass sich eine Phase von Unausgeglichenheit anschließt.

Vielleicht hat der eine oder andere aber auch keinen Mut einen neuen Weg einzuschlagen, er hat Angst. Gut, dieses Gefühl können wir haben, dann aber sollten wir Männer uns an alte Tugenden erinnern und den neuen Weg mutig beschreiten.

Schickst du deine Frau nachts aus dem Bett, wenn es im Haus knackt? Du wirst auch nicht freudig aufstehen und denken: „Hurra, ein Einbrecher, den mach ich fertig." Auch du wirst ein komisches Gefühl in der Magengegend haben, vielleicht sogar Angst. Und trotzdem stehst du auf, denn es gibt etwas zu verteidigen: deine Frau, die Kinder, dein Eigentum, für das du hart gearbeitet hast. Froh bist du allerdings auch, wenn sich herausstellt, dass der Krach nur von der Katze kam, die ein Glas vom Tisch gestoßen hat. Trotzdem bist du in den Augen deiner Frau ein Held, weil sie weiß, dass sie sich auf ihren Mann verlassen kann, wenn es gefährlich wird. Und du fühlst dich gut, weil du deine eigene Angst besiegt hast. Genau deshalb bewachst du dein Nest. Und hier passt ein schönes kleines Beispiel aus der Biologie hinein: Geräusche in der Nacht werden von Mann und Frau unterschiedlich eingeordnet. So erwacht der Mann bei Geräuschen, die durch Bewegung erzeugt werden, beispielsweise das Knacken eines Astes, während die Frau eher durch das Weinen eines Babys erwacht[13].

Darum sage ich: Männer, lasst euch nicht verunsichern! Der Weg, der vor euch liegt, ist ein männlicher, egal, was die Welt um uns dazu sagen wird. Angst ist ein Ratgeber, der uns schützt. Der Ratgeber ist aber kein Bremser, sondern ein Berater. Das Gefühl der Angst schützt unseren Körper vor Gefahren, die den Körper beschädigen könnten. Ihr müsst abwägen, ob der Weg, den ihr ab jetzt beschreiten wollt, eine Gefahr ist oder ob es nur so scheint. Bei Gefahr wird der Körper von Hormonen geflutet, um die Muskulatur besser mit Sauerstoff versorgen zu können, um noch schneller und stärker auf die Situation reagieren zu können. Wir sind Männer und die Reaktion ist unsere Natur!

13 Pease & Pease (2002)

Rückzug zu sich – aber wohin?

Die Mündigkeit über das eigene Leben führt automatisch zu einer Verlangsamung des Seins. Es braucht mehr Zeit, um sich mit einer Sache auseinanderzusetzen. Zeit, um uns hinein zu fühlen, weil das Gefühl, das innere Kind in dir, Zeit braucht. Das Gefühl bewegt sich wie eine Schnecke, die erst irgendwohin kriechen muss, damit sie dort etwas erspüren kann. Sie kann über nasse Dinge rutschen, trockene Straßen überwinden, aber auch über eine Rasierklinge kriechen, ohne sich zu verletzen. Sie kann es aber nur ganz langsam. Sie übt dabei keinen Druck aus und wird nicht hektisch. Wird sie gestört, zieht sie sich in ihr Haus zurück und wartet. Unsere Gefühle handeln ähnlich. Lässt man sie in Ruhe, kann sich ganz langsam etwas entwickeln. Stört man es, taucht es ab und versteckt sich. Je mehr Störungen, umso länger der Rückzug. Manchmal verschließt eine Schnecke, wenn die Bedingungen zu schlecht sind, ihr Haus mit einer Kalkplatte und bleibt dort viele Wochen und Monate. Unsere Gefühle verhalten sich ähnlich: Sie verstecken sich, verschließen das Haus mit einer Türe.

In diesem Buch geht es wie in unserem Leben um das Zulassen des Gefühls. Eine Missachtung von Gefühlen beleidigt, führt zu Rückzug. Wir brauchen Geduld. Etwas fühlen zu können gehört ebenso zu uns, wie unsere logischen, rationalen Anlagen. Alles muss in der Waage sein. Aber das Gefühl wird sich oft nicht sofort erschließen.

Wenn ich mich dafür entscheide, meinem Gefühl den notwendigen Raum zum Kriechen zu geben, muss ich mich in Geduld üben. Wenn ich mit meinem Gefühl im gleichen Tempo gehen will, beginne ich, mein Leben zu verlangsamen. Ihm Raum zu geben, heißt auch ihm Beachtung zu schenken, um es zu spüren und daraus zu lernen. Das kann auch schmerzen. Gefühle sind nicht per se angenehm.

Wir leben zunehmend oberflächlich, gedankenlos, fremdgesteuert. Irgendwann, vielleicht in einer Krisensituation, öffnet sich das Verdeckte, und vor uns steht etwas, das uns völlig fremd geworden ist: unser Gefühl. Offengelegt durch eine Krankheit, durch unsere Müdigkeit, in der wir uns mit traurigen Augen umschauen und diese Türe sehen oder durch einen Verlust, sei es der Partnerin, der Eltern, des Arbeitsplatzes, was auch immer. Alles wird hektischer und schneller. Gefühle treten zurück. Die Menschen reagieren mit Erkrankungen und früher Erschöpfung. Das zeigt sich beispielsweise am Renteneinstieg bei Frühverrentung: 1980 ging man durchschnittlich mit 56 Jahren in die Frührente, 2011 mit 48 Jahre. Immer mehr Menschen sind immer früher „abgearbeitet". Eine Ursache ist der Umgang mit den Gefühlen. Damit wir dem gesellschaftlichen und beruflichen Tempo gewachsen bleiben, werden sie nicht wahrgenommen. Ein Bremser wie das Gefühl ist nur Ballast.

Mancher kommt erst zur Besinnung, wenn es fast zu spät ist. Wir wollen Erlösung von dieser Jagd, weil wir sie nicht durchstehen, weil unsere Reserven verbraucht sind. Wir öffnen die Gefühlstür und hervor kommt ein bleiches, unterentwickeltes Kind, das zu lange nicht am Licht war. Jetzt brauchen wir Zeit, uns zu entwickeln, wir müssen warten lernen. Es bricht eine Zeit an, in der wir nachdenken, um ein altes Leben aufzugeben, um langsamer einen Weg anzugehen. In der Zwischenzeit wenden sich alle diejenigen von uns ab, die mit uns gerannt sind. Sie rennen weiter. Sie verstehen es nicht, dass wir nun langsamer laufen, verstehen nicht, warum wir nicht mehr dem Geld, der Macht, dem oberflächlichen Luxus hinterherrennen. Ich erkenne für mich, dass nur Mündigkeit die Gegenbewegung gegen dieses Hasten ist. Ob andere mir auf meinem Weg folgen können, ist unerheblich.

Mündigkeit bedeutet, Gefühlen die Macht zu geben, das Tempo selbst zu bestimmen und ihm zu folgen.

Bei Wanderungen im Gebirge gibt der Langsamste das Tempo vor. In der Lebenswanderung sind die Gefühle die Begleiter, die am meisten Zeit benötigen.

Auch das Versinken in Stille müssen wir immer wieder üben. Denn nun wollen uns andere ablenken: unsere Gedanken. Was wollten wir noch alles tun, woran müssen wir noch denken? Schon dreht sich das Gedankenkarussell und versucht die Stille zu durchbrechen. Schnell wird klar: Stille muss geübt werden. Jeden Tag, immer wieder ein paar Minuten, immer wieder, bis wir es immer länger schaffen, in Stille auszuharren. Erst jetzt beginnt die Arbeit mit dem Gefühl. Langsam öffnet es die Türe um nachzusehen, warum der Lärm auf einmal verschwunden ist.

Hinführung zur Stille

Meine Höhle für den Rückzug

Es sind die Wintermonate 2009/2010. Heike, meine Frau, ist gerade gestorben. Zuhause herrscht Trauer. Auch unsere vier kleinen Kinder müssen den Tod verkraften lernen. Ich wünsche mir Zeit für mich, die mir keiner geben kann. Ich bräuchte Abstand, will mich aber auch nicht von den Kindern entfernen. Die Verantwortung für die Familie ist meine Aufgabe. Ich bin ihr Vater. Was mir bleibt, sind meine Termine. Ich fahre mit dem Auto von Ort zu Ort. Es sind lange Fahrten dabei. Fahrten durch die winterliche, neblige Landschaft. Dabei höre ich „meine" Musik: Balladen. Früher war es stundenlang ohrenbetäubend Rammstein. Jetzt brauche ich anderes.

Das Auto ist meine Höhle. Hier beobachtet mich keiner. Keiner stört mich. Hier bin ich allein. Ich schreie, ich heule mir die Augen aus dem Kopf. Ich prügle auf die Armatur des Autos ein, ich hadere, ich schimpfe, ich stelle mir meinen Tod vor, plane ihn und verwerfe ihn wieder. Hier, in diesem geschützten Raum, kann ich alles aus- und durchleben, was ich zu Hause vor den Kindern nicht tun möchte. Meine Höhle – ein Auto.

Dagegen funktionieren einsame Spaziergänge im heimatlichen Nienberge bei Münster nur bedingt. Ich möchte meine verheulten Augen niemandem zeigen. Und Freunde sind zu weit weg, London, Bensheim, im Himalaya. Es ist mir peinlich. Gleiches gilt für Gesprächskreise, die ich nicht aufsuchen möchte. Dort würde mich eine Runde fremder Leuten an-

starren, wenn ich über mich spreche. Dann schon eher ein Gespräch unter vier Augen, zwischen zwei Männern, die ich aber nicht finde, obwohl ich viel dafür getan habe. Aber eigentlich will ich gar nicht groß rumleiden, sondern es allen zeigen, dass wir es hin bekommen.

Eine Zeit mit einem Identifikations-, einem Orientierungs- und einem Familienproblem. Es ist eine Mischung aus Trauer, scheinbarem Verlust der Männlichkeit – ich muss mich nun um kleine Kinder kümmern, also eine Mutterrolle einnehme. Es ist eine Neuorientierung, seinen Mann stehen, nach außen hin, vor sich, vor der Familie, vor den Kindern und vor dem Dorf. Gleichzeitig soll ich im Beruf weiterhin stabil arbeiten, verlässlich sein und vor den Kollegen bestehen – nach Möglichkeit noch leistungsfähiger. Die „Belastung" durch eine kranke, sterbende Frau ist ja weggefallen. Damit habe ich nun mehr Zeit, mich auf die Arbeit zu konzentrieren!

Alleinstehend befinde ich mich noch mehr in der öffentlichen Wahrnehmung. Ich muss jede Entscheidung alleine treffen und vertreten, die vorher meine Frau getroffen hat. Ich muss weibliche Entscheidungen annehmen, vor anderen Frauen vertreten und dennoch männlich bleiben. Ich soll einfühlsam sein, wenn es um die Kinder geht, aber auch männlich im Bett, wenn es gefordert wird, wie beispielsweise in der kurzen Beziehung, die ich nebenbei führte, die aber bald scheiterte.

Alles überforderte mich, alles war zu viel und ich brauchte den Rückzugsort, mein geliebtes Auto, um nachzudenken, mich zu sortieren, Luft zu holen, Kraft zu tanken. Das Auto wurde so meine Rettung, meine Höhle in der ich Ruhe und für mich Stille fand, wegfahren und flüchten konnte, um zu-

rück zu kommen. Auch heute noch.

Es ist das Nachdenken über Gewesenes, das Verarbeiten der aktuellen Aufgaben und die Überlegung für den neuen Weg. Den einzigen, den ich gehen kann. Viele Dinge beende ich. Ich werde radikaler in Entscheidungen, bin egoistischer, wenn es um mich und meine Familie geht. Ich stelle die Familie mehr in den Mittelpunkt und sortiere die Arbeit dahinter.

Mir fehlt noch die Möglichkeit zu sprechen, also schreibe ich. Es fehlt mir das Gegenüber, die Frau, die ohne Worte weiß, wie ich mich fühle, weil sie es spürt und in meinem Gesicht liest.[14] Die fehlende Frau wird durch Papier ersetzt und ich muss lernen selber zu handeln, in dem ich zu Schreiben beginne. Das wurde für mich der erste Schritt der Genesung.

Heute, acht Jahre später, kann ich reden, weiß die Worte zu wählen und zu nutzen. Ich habe es gelernt, lernen müssen, für die Kinder, für mich und weil ich mich verändert habe. Heute ist es für mich einfacher Gefühle zu zeigen und dabei keine Angst zu haben, abgelehnt zu werden. War es nach der Ausbildung die klar umrissene Naturwissenschaft mit ihren scheinbar fixierten, klaren Gesetzen, sind es jetzt die Männer mit ihren Verhaltensweisen und ihren Problemen. Die Gefühle und das Arbeiten damit sind keine Schwächen mehr. Es hat sich auch der Kreis geändert, mit dem ich umgehe. Es sind Menschen, die das akzeptieren und nicht abwerten, sondern unterstützen. Trotzdem bleibe ich ein Mann, freue mich an meinem Sport, sehe gerne Fußballspiele, trinke Bier, habe gerne Sex und liebe weiterhin meine Höhle, die mittlerweile auch ein allmorgendlicher Spaziergang am See sein kann.

---

14 Pease & Pease (2002)

*Aber für diesen Weg, die Neuausrichtung, habe ich Jahre be-
nötigt. Immer wieder musste ich in die Ruhe, um an diesem
Weg zu arbeiten. In dieser Ruhe, auch mit den leeren Blät-
tern vor mir, die erst schweigen, bis ich ihnen die Worte gebe,
habe ich meine Trauer bearbeitet. Es musste für mich alleine
geschehen, ohne Therapeuten, ohne Gesprächsrunden, damit
ich diesen Bruch in meinem Leben durch einen neuen Weg
heilen konnte.*

*Auch wenn ich meine Bücher schreibe suche ich den Rückzug,
denn nur hier kann ich meinen Gefühlen wirklich nachspü-
ren. Rückzug ist aber nicht immer der Weg in die Einsamkeit,
sondern kann auch Anonymität sein. Es kann in einem Cafe
sein oder in einem Hotel. Dort, wo mich keiner kennt, in
einer fremden Stadt. Eines bleibt immer konstant: meine Gefühle sind für mich einfacher zu erspüren, wenn mich keiner
beobachtet und ich allein bin. Es ist ein wenig wie eine Tau-
cherglocke, die ich über mich stülpe. Es wird dadurch leiser.*

Stille spüren

Wenn der Mann Ruhe finden will, ist es unerheblich, welchen Weg er dazu nutzt. Es kann Sport, Meditation, ruhige Musik, das Ausüben eines Hobbys, Einkehr in ein Kloster oder das Sitzen in der Wüste sein. Diese Pause kann nicht der Ballermann sein, wo wir uns betäuben. Es kann aber das einsame Sitzen auf einer Alm in den Alpen sein, das Kloster der Stille oder die durchwachte Nacht im Wald oder am Strand.

Wirklich entscheidend ist es, den Alltagsweg zu verlassen und einen Bruch herbeizuführen. Sich mit seinen Gedanken auseinanderzusetzen, sich zu spüren und mit sich zur Ruhe zu kommen. Erst werden Wünsche und Sehnsüchte aufsteigen, dann vielleicht die Aufgaben, die wir noch zu erfüllen haben, Sorgen und Ängste. Je tiefer wir in unsere innere Welt vorstoßen, umso mehr werden wir von wem hören und sehen, wovon wir beeinflusst werden, aber auch das entdecken, was wir wirklich wollen. Eine Sortierung findet statt.

Es ist wie das Herabsteigen in den Keller. Viele Kelleretagen werden wir finden. Es wird immer weiter hinuntergehen, bis wir endlich unten angekommen sind. Und mit jeder Etage, werden wir mehr mit uns konfrontiert. Es wird die unterschiedlichsten Etagen geben, wie die...

- der Gesellschaft, die einem immer sagt, was richtig und falsch ist und was wir auf jeden Fall tun sollten,

- der Eltern, die einen prägten, führten, förderten und dadurch vielleicht auch bremsten,

- des inneren Schweinhunds, der gerne den bequemen Weg gehen würde und der unglaublich fett und faul ist,

- der wirtschaftlichen Aspekte des Lebens, die immer so auf Sicherheit bedacht sind,

- deiner biologische Vergangenheit, von der manche sagen, dass es die Triebe und biologischen Rollenbilder sind,

- deiner Familie, die ständig Wünsche an dich richten,

- vielleicht die einer ehemaligen Beziehung, die dich versucht finanziell zu erpressen,

- deiner Gedanken, die manchmal wirr sind und die immer wieder dann erscheinen, wenn du gerade Ruhe haben möchtest,

- deiner Freunde, von denen du denkst, dass du sie vernachlässigst,

- deiner Kollegen, die dir nicht immer zuarbeiten, sondern gerne mal an deinem Stuhl sägen,

- deiner Gesundheit, die nicht immer optimal ist,

- der Nachrichten, die nur von den Katastrophen auf der Welt sprechen,

- deiner guten Vorsätze, die du bei dem ganzen Stress nicht einhalten kannst,

- deines Alters, das immer höher wird und du merkst, dass dir die Zeit davonläuft …

Es werden Tränen fließen; wir werden lachen. Und am Ende steht die Stille.

Wenn wir durch all diese Schichten hindurch gekommen sind, haben wir den wahren Kern erreicht. Hier liegen deine persönlichen Wünsche nackt und offen vor dir. Erst wenn du hier angelangt bist, weißt du wirklich, was du willst. Und es kann so völlig anders sein, als du es dir vielleicht die ganze Zeit gedacht hast. Darauf bauen wir dann auf und steigen wieder hoch durch die vielen Etagen, die immer nur etwas von dir wollen, um dann unser Leben mit uns zu gestalten und zu formen. Und vielleicht steht dann eine Neuausrichtung an.

Wir müssen lernen Grenzen zu ziehen
und Grenzen zu verschieben.

Wir müssen lernen für uns selber
Verantwortung zu übernehmen.

Wir müssen lernen auf uns zu achten.

WIR müssen ... nicht jemand anderes!

Die Verbindung zwischen Stille und Gefühl

Kim Jannes beschreibt in ihrem Buch (2013) das innere Kind. Das innere Kind ist das Gefühl in dir. Nenn es Bauchgefühl, siebter Sinn, zweites Gesicht. Die Bezeichnung ist nicht wesentlich. Durch das Kind bekommt das Gefühl eine Gestalt, mit der du sprechen kannst. Es ist so einfacher, mit ihm in Kontakt zu treten.

Wie sieht ein Gefühl wohl aus? Da wir optisch wahrnehmende Wesen sind, stellt das Kind eine visualisierende Vereinfachung dar, mit der du arbeiten kannst. Das innere Kind ist niemals älter als elf Jahre, kein Jugendlicher! Jugendliche sind einen Schritt weiter und haben schon (zu) viele Erfahrungen gemacht. Gleichzeitig durchlaufen sie die Pubertät und verlieren ihren kindlichen Status, sind wachsamer und nicht mehr so unvoreingenommen, wie sie es als Kinder waren.

Das Gefühl ist wie ein kleines Kind in uns, das uns führt, berät und Fragen stellt. Das Kind ist ein Kompass in unserem Leben und ein Gegenpol zu unseren erwachsenen Gedanken. Wir Männer wollen immer alles rational und logisch durchdenken, wollen Argumente haben, bevor wir uns entscheiden. Wir wollen aber auch uns und unsere Familie möglichst rational durch das Leben führen. Gefühle erscheinen uns dabei häufig hinderlich, vielleicht auch zu irrational. Wir waren aber auch selbst kleine Kinder. Damals wussten wir noch wenig und hatten unsere Erfahrungen noch nicht gemacht. Wir waren unvoreingenommen, lustgesteuert und spontan. Das Gefühl in uns, ist das Gefühl des kleinen Jungen, der wir mal einst waren.

Ich kann mich noch gut daran erinnern, wenn ich als kleiner Jungen intensiv fühlte. Es war, als würde ich überkochen. Ich hatte urplötzlich den Impuls, laut zu schreien oder einfach wie ein Verrückter loszurennen. Oder man sah einen Baum und wusste, da muss ich jetzt hoch. Völlig ohne Grund, es gab kein Ziel, aber den Wunsch auf diesen Baum zu klettern. Oder einfach in die nächste Pfütze zu springen, damit es richtig platscht. Heute als Erwachsener, überlege ich: Da könnte ein Ast abbrechen und ich könnte mich verletzten. Ich weiß nicht, wie tief die Pfütze ist. Wie alle anderen habe ich auch schon bei YouTube gesehen: Gerade diese könnte auch zwei Meter tief sein.

Wir haben bei allen spontanen Einfällen immer eine Fülle von Gegenargumenten. Das Gefühl macht einen Vorschlag und unser Kopf ist damit beschäftigt gegenzusteuern. Was für eine Mühsal, ständig gegen uns selber anzukämpfen. Dabei sagt ja niemand, dass wir ab sofort wie verrückt durch alle Pfützen rennen müssen, aber Spaß würde es schon machen!

Zurück zu unserem Kind zu gelangen ist unser Weg zur Stille zu kommen. Die Ruhe, die wir benötigen, um unser Gefühl, unser Kind zu hören, hilft uns, unsere rationale Entscheidung zu durchdenken oder sie auch einfach für eine Zeit beiseite zu legen.

Wir brauchen eine Balance zwischen laut und leise, Vernunft und Spontanität und Unvernunft. Indem Stille zum Gefühl wird, das unabhängig von anderen Menschen für uns sorgt, kann diese Waage wieder ausgeglichen sein. Wir Männer sind mehr als nur Rationalität. Wir sind komplexe Wesen mit beiden Aspekten, die wir für uns nutzen können. Wir sind Erwachsener und Kind in einem. Zulassen müssen wir es, pflegen und jedem seinen Raum geben, der Rationalität und den Gefühlen. Das eine gleicht das andere aus. Das Ergebnis ist ein warmes, zufriedenes Ich in uns. Dies ist das Ziel: eine ausbalancierte Lebensweise. Treffen wir eine Entscheidung, muss sich daraus für uns ein warmes Gefühl ergeben, sonst stimmt etwas nicht.

Du trägst es in dir – dein inneres Kind treffen

Dein inneres Kind, wirst du erst dann sehen, wenn du äußere Reize abgestellt hast, um ganz ruhig werden zu können. Sich einen Ort zu suchen, der möglichst abseits vom Alltäglichen liegt, ist dafür eine gute Voraussetzung. Vielleicht ist es notwendig für einen ersten Kontakt mit dem innersten Ich zu verreisen, vielleicht ans Meer, um am Strand zu sitzen. Vielleicht ist es aber auch der Wald, der weit weg liegt von störenden Straßen oder dein Zimmer, in dem du auf dem Boden liegst und schalldichte Kopfhörer auf den Ohren trägst.

Der Ort kann ganz unterschiedlich sein. Du musst dich dort wohl fühlen. Es geht nur um das Ausschalten von Ablenkungen jeder Art. Reinhold Hermann Schäfer (2008) beschreibt in seiner Arbeit Reisen nach Skandinavien oder in die Wüste, damit die Männer zur Ruhe finden, die sie benötigen. Vielleicht kannst du auch in einer durchwachten Nacht in Stille und Dunkelheit den Kontakt aufbauen.

Dies ist erst der Anfang. Wenn du nach einem ersten Kontakt gelernt hast, das innere Kind zu sehen, kannst du es mit ein wenig Übung, bald an jedem Ort dieser Welt und unter allen Bedingungen sehen. Es wird dich begleiten, wenn du es behutsam behandelst.

Das innere Kind gibt uns ein Gefühl für unser Leben. Und wir können es in Entscheidungsprozessen nutzen. Fühlen wir etwas, wenn wir eine Entscheidung treffen? Was sagt mein inneres Kind? Fühlt es sich schlecht an, obwohl unser Verstand sagt, dass es eine gute Entscheidung ist? Das

Gefühl und damit unser inneres Kind ist ein wichtiger Berater und steht uns immer zur Seite, wenn wir gelernt haben, ihm zu vertrauen. Denn ihm vertrauen, heißt uns selber vertrauen. Uns vertrauen heißt unser Selbstwertgefühl zu stärken. Wir stehen sicherer im Leben und werden leichter, zufriedener und ausgewogener durch das Leben gehen.

Mein Sohn Conrad teilte mir seine Gefühle in der Krisensituation, kurz nach dem Tod seiner Mutter (2009) über körperliche Reaktionen mit. Er war damals zwei Jahre alt. Mir zeigt diese Begebenheit deutlich, wie sich ein Gefühl trotz allem Gehör verschaffen kann, auch wenn noch die Worte fehlen:

Im Mai 2010 reagierte sein Körper mit einer Lungenentzündung. Zwei Monate später bekam er spastische Bronchitis, und weitere zwei Monate später wurde er aus dem gleichen Grund ins Krankenhaus eingewiesen. Beim dritten Krankenhausaufenthalt hatte ich genug und forderte eine komplette Untersuchung. Er wurde auf alle möglichen Ursachen der Erkrankung hin untersucht. Er hatte, laut behandelnder Ärzte, Asthma und eine Hausstaubmilbenallergie.

Allerdings interessierten sich die Ärzte weder für seine Geschichte noch für seine Seele. Ich erkannte, dass die Diagnose falsch war. Mein Sohn hatte noch keine Worte für seinen Zustand und deshalb sprach sein Gefühl über seinen Körper für ihn. Ich als sein Vater konnte ihm die notwenige Geborgenheit und Sicherheit in dieser Phase nicht geben, weil mich die Trauer selber zu sehr im Griff hatte. Meine Cousine und ich besprachen daraufhin einen anderen Weg. Wenn ich ihm nicht das geben konnte, was er brauchte, sollte es meine Cousi-

ne tun. Meine Cousine nahm ihn auf und sofort umfloss ihn ihre Liebe und Wärme. An keinem der nun folgenden Tage, Monate und Jahre hatte er jemals wieder Erstickungsanfälle.

Sein Körper reagierte auf die Situation, in der ihm die Worte fehlten. Seine Sprache war das Gefühl. Ich dagegen hatte nur Worte, aber noch nicht das Gefühl. Wir verstanden uns nicht und der Schwächere von uns beiden, Conrad, konnte erst weiterleben, als er Frieden für sich bekam.

Die Sprache des inneren Kindes erkennen

Wenn sich ein Bild deines inneren Kindes vor deinem geistigen Auge aufgebaut hat, wird es ein dir fremdes Kind sein. Es ist kein Kind aus der Nachbarschaft oder aus der Familie. Je nachdem, wie weit du von deinem Gefühl entfernt bist, kann es auch länger dauern, bis du Kontakt aufgebaut hast. Das Kind kann schüchtern sein oder lospoltern. Es ist eben ein Kind.

Sprich es an und warte ab, bis es antwortet. Das klappt nicht immer sofort. Wenn du aber immer wieder versuchst in die Ruhe zu gehen, um dich auf das Kind zu konzentrieren, wird es dir irgendwann antworten und du wirst beginnen, mit ihm ein Gespräch zu führen.

Kim Jannes beschreibt, dass es sich um eine kindliche Sprache handelt. Bei mir ist es beispielsweise so, dass mir mein Junge immer wieder ins Wort fällt. Meine Fragen habe ich kaum gestellt, und schon antwortet er. Es ist die Sprache, auf die ich achten muss. Bei anderen versteckt sich das Kind vielleicht erst hinter einem Vorhang, versteckt sich, weil die betreffende Person vielleicht keinen guten Kontakt zu den eigenen Gefühlen hat, oder sie noch nicht zulassen will. Wieder andere Menschen werden in ihrem Wesen direkt gespiegelt. Sind sie motzig, kann auch das Kind gleich motzig auftauchen. Es ist faszinierend, wie passend das ist.

Bei dir ist es wieder völlig anders, weil auch jedes Kind völlig anders ist. Du musst nur mit Geduld lernen, darauf zu hören. Dieser Vorgang kann unter Umständen und je nachdem, wie gestresst du bist, Wochen dauern. Auch eine innere Bereitschaft und Neugierde ist dafür notwendig.

Natürlich werden dir immer wieder Gedanken kommen, wie: „Bin ich jetzt verrückt?" Nein, das bist du nicht. Du gibst deinem Gefühl eine Form. Du lernst neu, dass du mit deinem Gefühl arbeiten kannst. Allein das kann sehr viel bewegen.

Hast du einmal diesen Weg eingeschlagen, kannst du es üben und beispielsweise Workshops dazu besuchen. So erlernst du noch mehr Details. Auf diese Weise kannst du die Wahrnehmung dieser Gabe verbessern, um dir in deinem Leben gerechter zu werden. Aber wundere dich nicht: Auch diese Workshops sind meist von Damen überflutet.

Gespräche mit dem Kind

Die Gespräche mit meinem Kind sind vielfältig und auf ganz unterschiedlichen Ebenen angesiedelt. Viele Fragen stellen sich. Dazu gehören beispielsweise: Wie geht es ihm? Wie hat es geschlafen? So versuchst du dein Gefühl, dein Kind, kennenzulernen. Damit kannst du erfahren, wie du dich selber wirklich fühlst.

Und irgendwann stellt sich dir eine zentrale Frage, die du immer wieder bearbeiten solltest:

Was will ich wirklich?

Herauszufinden „was ich selber wirklich will", bringt dich dazu, auf dich zu achten, mit dir im Einklang zu leben. Wenn du etwas von Herzen willst, hast du auch die Ausstrahlung es nach außen zu leben und es gegen Widerstände durchzusetzen. Dabei wirst du erkennen, dass dein inneres Kind mehr ist als nur ein bloßes Kind. Es ist dein Gefühl, dein Ratgeber und dein Wegweiser, dem du alle deine Sorgen beichten kannst. Es ist der Ratgeber in einer Zeit, die uns allein lässt, in der wir als Einzelkämpfer durch unser Leben laufen müssen, in der immer nur rationale Entscheidungen von uns verlangt werden. Durch die Gespräche mit unserem Kind haben wir die Möglichkeit Dinge anders zu betrachten und Entscheidungen nur dann zu treffen, wenn sie sich gut anfühlen. Alles andere wäre von außen entschieden, an uns herangetragen, vielleicht sogar verlangt. Wir würden uns steuern lassen, hätten keine eigene Meinung mehr und wären nur dummes Stimmvieh. Dein Kind ist etwas, was dich aus deinen Gedankenspiralen herausholt, dir Tipps gibt, deine Fragen beantwortet, dir Ängste nimmt. Dabei kann es nach einer Zeit durchaus passieren, dass es auf einmal von allein auf dich zukommt und mit dir in einer Situation spricht oder dir ein Bild zeigt, was du bedenken solltest.

Du wirst im Laufe der Zeit immer besser mit deinem inneren Kind (deinem Gefühl) arbeiten können. Irgendwann werdet ihr zu einer untrennbaren Einheit. Von außen sieht keiner etwas. Innerlich ist dieses Kind aber immer bei dir und achtet darauf, dass du deinen Weg gehen kannst, egal was andere dazu sagen.

Die innere Ruhe finden. Was gewinnen wir?

Wer mit dem inneren Kind übt, wird etwas Interessantes feststellen: Es gibt mir Ruhe! Es ist nicht so, dass du nur über die Ruhe zum Kind gelangst, sondern es funktioniert auch umgekehrt. Es schließt sich ein Kreis von Ruhe benötigen und Ruhe bekommen. Noch etwas fällt auf: Sprechen wir ein paar Tage nicht mit unserem Kind und reflektieren, was an diesen Tagen war, werden wir feststellen, das an diesen Tagen die Ruhe, die Pause fehlte, um genau dieses Gespräch zu führen. Die Ruhe fehlte dann auch für uns! Das Gespräch mit dem Kind ist also auch ein Gradmesser dafür, ob wir es schaffen, immer wieder einmal innezuhalten, eine Unterbrechung zu wagen, um, wenn auch nur kurz, uns aus dem Alltag zu verabschieden, eine andere Beobachtungsebene einzunehmen, um dann erneut weiterzumachen.

Wir können es auch aus einer anderen Perspektive betrachten! Das Kind dient als Schlüssel dafür, dass wir uns im täglichen Hamsterrad nicht verlieren. Dass wir nicht laufen, rennen, spurten bis wir erschöpft zusammenbrechen, um dann vielleicht Opfer einer der seelischen Erkrankungen zu werden – wie man es in Japan nennt ein Opfer des Karoshi (Tod am Arbeitsplatz), dem dort jährlich ca. 10.000 Menschen zum Opfer fallen.

Jeder hat genau ein Leben, dessen Länge unbekannt ist. Wir sind nicht Teil eines virtuellen Lebens wie in Battlefield, wo wir erschossen werden und gleich darauf ein neues Leben bekommen. Unser Leben gilt es für uns sinnvoll zu gestalten, damit wir am Ende, wenn wir auf dem Sterbebett liegen und resümieren und unter unserer Lebensbilanz einen Strich machen, ein Plus finden. Das sollte das Ziel sein. Aus meiner Sicht kann es, bei all den Zwängen, die uns unsere Gesellschaft auferlegt, nicht erstrebenswert sein, täglich monotone Abläufe zu durchlaufen, in denen wir mehr Maschine als Mensch sind. Ich weiß, dass es viele Schwierigkeiten gibt, dass Vieles unmöglich erscheint. Ich spreche nicht vom großen Aussteigerentwurf. Mir geht darum, nicht mit Bauchschmerzen durch das eigene Leben zu gehen. Wer verlangt das von mir und mit welchem Recht? Fragen stellen muss erlaubt sein.

In dem Projekt „Männer im Abschied" spreche ich mit Männern kurz vor ihrem Tod. Allen Männern gemeinsam ist, dass sie das Trachten nach dem Geld, nach Anerkennung, nach materieller Sicherheit aus der Sicht des Sterbenden nicht mehr als zentrale Aufgabe in ihrem Leben ansehen. Menschlichkeit, Familie und die Umsetzung eigener Ideen erscheinen am Ende das wirklich Zentrale im Leben zu sein. Ein immer wieder gehörter Satz ist: „Hätte ich mal …"

Im Folgenden möchte ich am konkreten Fall zeigen, wie sinnvoll und wertvoll es ist, ein gutes Verhältnis zu dem eigenen Gefühl zu haben.

Das Kind am Beispiel der Trauer

Durch das innere Kind haben wir den Verbündeten, den wir brauchen, um Trauer positiv zu bearbeiten. Ziel ist es, die Trauer in das eigene Leben zu integrieren. Sie wird immer da sein. Es ist utopisch zu glauben, dass wir sie irgendwie los werden könnten. Trauer benötigt einen symbolischen Platz, von dort kann sie uns besuchen kommen und dorthin geht sie auch wieder zurück.

Trauer kann ein Monster sein, groß wie ein Berg und scheinbar unüberwindlich. Sie frisst uns auf, trampelt uns nieder. Wir scheinen machtlos, schauen zu und gehen fast daran zu Grunde, wenn wir nichts unternehmen. Nicht umsonst ist die Suizidrate bei trauernden Jungen und Männern enorm hoch.[15] In diesen Fällen fanden die Männer keine Verbündeten, um die Trauer zu bearbeiten. Sie sind ihr hoffnungslos unterlegen.

Ein verwitweter Mann hat, wenn er seine Trauer nicht aktiv bearbeitet oder sich innerhalb einer überschaubaren Zeit nicht wieder neu bindet, eine um bis zu zehn Jahre verringerte Lebenserwartung gegenüber dem Mann, der in einer Beziehung lebt.[16]

Ich möchte aber nicht unterlegen sein, nicht verlieren. Ich will über mich entscheiden können. Mir ist bewusst, dass ich die Trauer niemals loswerde. Aber ich kann lernen, sie zu kontrollieren. Ich kann sie zulassen und zurückdrängen. Im inneren Kind habe ich einen Partner, mit dem

---

15 RKI (2014)
16 RKI (2014)

ich diesen Weg gehe. Er warnt mich, wenn sich die Trauer als Schlange in mein Leben einschleicht. Dann kann ich reagieren und eine Lösung finden. Mein Kind ist eine Art Torwache meiner inneren Burg, damit kann ich kontrollieren, wer zu mir kommt und wann. Ich habe Vertrauen zu meiner Torwache, weil wir miteinander ein Ziel haben: Wir wollen in Ruhe leben.

Zusammenleben mit dem inneren Kind und einer Beziehung

Eine Beziehung ohne Gefühl? Geht das? Im Tierreich sicherlich, geht es doch darum, Nachkommen zu zeugen, damit die Art erhalten bleibt. Nur die wenigsten Arten bilden monogame Gemeinschaften, die ein Leben lang zusammenbleiben. Auch wir Männer der Art Homo sapiens gehören nicht wirklich zu denen, die nur monogam leben. Wie wäre sonst der folgende Aspekt zu bewerten: Nur 10% der Spermien werden für die Zeugung benötigt und 90% sind dafür da, die fremden Spermien zu bekämpfen![17]

Dennoch lebt der überwiegende Anteil der Menschen gern in monogamen Beziehungen. Dabei ist ein Zusammenleben zwischen Mann und Frau nicht immer einfach. Es sind zwei unterschiedliche Menschen, mit jeweils unterschiedlicher Herkunft, unterschiedlicher Geschichte, einer unterschiedlichen Biologie, mit unterschiedlichen Vorstellungen und Eigenschaften und damit verbunden unterschiedlichen Erfahrungen. Zwei Fremde, die sich irgendwann getroffen haben, sich kennenlernten, sich verliebten, sahen, dass die Schnittmenge zwischen ihnen groß genug ist, um ein gemeinsames Leben zu wagen.

Beide schließen sich zusammen, bekommen Kinder und irgendwann ist das Schmetterlingsgefühl dem Alltag gewichen. Die Reproduktionsphase ist abgeschlossen. Die erste Liebe verfliegt und macht anderen Gefühlen Platz. Die Kinder schreien, der Partner furzt, sie trägt morgens kein Makeup und hat Mundgeruch vom Döner des Vorabends.

17 Birkenbihl (2008)

Er sitzt zu lange auf der Toilette, riecht nach Schweiß und die Kinder schreiben mal wieder Fünfen in der Schule. Der Kredit drückt, der Chef nervt, die Kollegen sind anstrengend und die Arbeit zu viel. Eine Situation zum Weglaufen. Und dennoch bleiben beide zusammen. Ein Gefühl bildet ein unsichtbares Band, das beide zusammenhält: Verbundenheit!

Es ist das Gefühl, die eigene Familie mit diesem Partner führen zu wollen. Sie sieht an kleinsten Nuancen[18] in seinem Gesicht, wenn er von der Arbeit genervt ist und massiert ihn abends im Bett, damit er sich entspannen kann. Er nimmt am Wochenende die Kinder mit, damit sie zu Hause in Ruhe auf der Couch ein Buch lesen kann. Es ist ein Gefühl, dass sich nicht fassen lässt, was uns aber gemeinsam durch schwierige Zeiten trägt. Das Vertrauen ineinander, das über die Zeit gewachsen ist, weil wir auf den anderen geachtet haben.

Meistens fällt es uns nicht auf und viele nehmen es auch tatsächlich nicht wahr, dieses Gefühl füreinander. Paare, die dieses Gefühl nicht wahrnehmen, trennen sich früher oder später wie die 163.335 anderen Paare im Jahr 2015 in Deutschland[19]. Und wenn das Gefühl nicht stimmt, reichen die für Gefühle sensibleren Frauen, meistens die Scheidung ein, nämlich 51%. Dagegen geht in nur 41% der Fälle der Impuls vom Mann aus.

Der Volksmund sagt, dass Beziehungsarbeit harte Arbeit sei. Ständig muss man mit dem Anderen, aber auch mit

---

18 Peace & Peace (2002)
19 Destatis (2016)

den gemeinsamen Kindern auskommen. Ständig muss man(n) die eigenen Antennen aktivieren, um auf die Partnerin eingehen zu können. Viel Arbeit, aber lohnenswert, wenn man im Alter zurückschaut und sagen kann: Das haben wir uns gemeinsam aufgebaut.

Unser inneres Kind ist dabei ganz entscheidend, denn es bemerkt durch seine gefühlsgesteuerte Art eher eine Stimmungsveränderung, als es der andere sagen kann oder schon selber an sich bemerkt. Trainieren wir das Hören auf das innere Kind, haben wir eine sehr feine Antenne zur Verfügung, um aufkommende Konflikte früh zu erkennen, aber auch eine Möglichkeit der Partnerin ein Gefühl von Geborgenheit zu geben.

Auch durch die Vorbedingung, das Zur-Ruhe-Kommen, um zuzuhören, haben wir ein wichtiges Element, um unsere Beziehung harmonisch zu führen. Sind wir ruhiger, prallt auch mal ein falsches Wort an uns ab. Wir können eine Situation entspannen und lenken damit einen möglicherweise aufziehenden Konflikt gleich in die richtigen Bahnen. Wir wirken ausgleichender, weil wir Situationen vorher erkennen und analysieren können.

Fazit

Wir Männer leben in einer Zeit der Umbrüche, der Anforderungen und der Neuorientierung, die von außen vorgegeben werden. Sie erwächst nicht aus uns selber, sondern wir glauben, dass wir die Vorschläge und Wünsche anderer aufnehmen und wahrnehmen müssen. Damit sind wir nicht mehr Herr im eigenen Haus.

Millionen von Jahren haben wir alleine entschieden. Das war sicherlich nicht immer und im Detail richtig, aber im Großen und Ganzen auch nicht so falsch, denn sonst wären wir heute nicht da wo wird sind.

Aber was bedeutet das, selbstbestimmt zu leben?

Unser Leben können wir nur alleine lenken und tun dies doch wieder nicht, weil wir, bedingt durch unsere weibliche Erziehung, in andere Bahnen umgeleitet wurden. Frauen und Mütter meinten es nur gut, aber der Weg blieb ein weiblicher. Wir können ihn nur ändern, wenn wir Männer und Väter, unsere Söhne wieder selbst an die Hand nehmen, um ihnen unseren Weg zu zeigen. Diesem Weg müssen unsere Partnerinnen nicht zustimmen, aber unsere Söhne werden ihn begreifen, denn wir leben es ihnen vor.

Gleichzeitig bedeutet dies nicht, dass wir in archaische Zeiten zurückkehren. Wir sind aufgefordert, uns den aktuellen Gegebenheiten zu stellen. Dies bedeutet, dass wir wieder mehr Verantwortung für unser Leben als Mann und für unsere Söhne übernehmen müssen. Dies gilt für jeden Einzelnen in allen Belangen.

Männer, ihr gebt Eure Mündigkeit ab und wundert Euch, dass die Frauen Euch nicht mehr ernst nehmen und deshalb selbst die Führung übernehmen? „Wie eine träge Herde Kühe, schauen wir kurz auf und grasen dann gemütlich weiter", sagte es Herbert Grönemeyer. Wacht endlich auf, entscheidet selber und selbstbewusst und hört auf eure innere Stimme, euer inneres Kind, dann schafft ihr es auch wieder zur Ruhe zu kommen, denn dann wisst ihr und spürt ihr, was euch gut tut. Das kann euch kein anderer Mensch abnehmen, es ist ganz allein eure Verantwortung.

Das innere Kind ist die andere Seite der Waage in euch. Ihr besteht aus Rationalität und Gefühl. Die Rationalität beherrscht ihr, heute mehr, als zu jeder anderen Zeit. Nun wird es wieder Zeit auch das Gefühl in eure Entscheidungsprozesse zu integrieren, damit ihr aus der Schieflage eures Lebens herauskommt.

...und meine Handschrift?

Weitgehend habe ich mein Vorhaben umgesetzt: Das Buch, jedes neue Kapitel habe ich mit meiner Hand, einem Kugelschreiber auf Papier geschrieben. Natürlich tippte ich es später in den Rechner, aber die Grundversion liegt handgeschrieben vor. Meine Handschrift wurde besser und zumindest für mich leserlicher. Insgesamt schreibe ich langsamer und überlege mehr.

Das Schreiben führte dazu, dass ich manche Dinge langsamer und bewusster tue. Zum Beispiel erstelle ich abends, wenn die Tagesarbeit abgeschlossen ist, einen Aufgabenzettel für den nächsten Tag. Habe ich den tagsüber abgearbeitet, mache ich den Rechner aus, setze mich in meinen Sessel und lese. Diese Zeit nehme ich mir jetzt. Arbeit ist nicht alles.

Die Möglichkeit Zeit zu haben, um diese dafür zu nutzen, Dinge zu erlernen, ist mir wichtig. Das nutze ich jetzt mehr als vorher. Ja, das Erlernte fließt auch wieder in meine Arbeit ein. Auch das finde ich gut so. Ich arbeite nicht weniger, aber bewusster und ruhiger. Antreiben lasse ich mich nicht mehr von außen, sondern nur noch von mir selbst. Das führt dazu, dass mir gesagt wird, wir hätten Ostfriesland ja keinen Stress. Ich muss dann lachen. Genau das wollte ich mit meinem Umzug hierher erreichen.

Auch anderes hat sich während des Schreibens geändert: Meinen spartanischen und unbequemen Arbeitsstuhl habe ich gegen einen bequemen Chefsessel mit breiter Sitzfläche und rückklappbarer Lehne eingetauscht. Zum Arbeitsbeginn stelle ich mir bewusst eine große Kanne Tee auf den Schreibtisch und zünde ein Räucherstäbchen an, damit mein Büro gut duftet.

Wenn ich die Zeilen lese, wirkt es beinahe esoterisch auf mich. Fehlen nur noch wallende Kleider und buddhistische Musik oder eine Latzhose, die nirgends kneift. Das ist es aber nicht. Ich nehme mir Zeit, baue Pausen und kleine Rituale ein. So habe ich mir auch wieder eine kleine Stereoanlage gekauft, um die Musik auf CDs zu brennen und nicht vom Handy zu hören, der Klang ist deutlich besser. Ich wähle die Musik bewusster aus, weil ich aufstehen, die CDs durchsehen und den Silberling einlegen muss. Das alles sind zusätzliche Handlungen, die ich ausführen möchte. Mir geht es nicht um eine Optimierung des Arbeitsvorganges, sondern entspannende Langsamkeit, eher eine Deoptimierung.

Insgesamt hat die Arbeit an diesem Buch dazu geführt, dass ich mir zusätzliche kleine Steine in den Alltag lege, um aufmerksamer innezuhalten. Gearbeitet werden muss nicht bis 18 Uhr, sondern bis der Arbeitszettel leer ist. Neue Aufgaben, die sich im Tagesverlauf ergeben, müssen nur in den seltensten Fällen auch am gleichen Tag erledigt werden. Morgen reicht auch noch. Damit habe ich Zeit für mich, für Familie, Sport, Hobby und andere Menschen. Auch habe ich angefangen mir auf Vortragstouren ein Hotelzimmer zu gönnen, um nicht durch extrem lange Autofahrten an die Belastungsgrenze zu gehen, den Schlaf zu vernachlässigen, nur um am nächsten Morgen wieder pünktlich im Büro zu sitzen.

Ich habe das Buch für Euch Männer geschrieben und muss feststellen, dass auch ich dadurch gelernt habe. Vielleicht hilft es ja dem einen oder anderen. Es würde mich freuen.

Übung zur Ruhe

Such dir einen Platz, an dem du ungestört bist. Einen Ort im Arbeitszimmer mit Kopfhörern auf den Ohren oder eine Wiese abseits der Menschen, einen Strand am anderen Ende der Insel ohne Touristen, eine Alm, einen Wald fern der Wanderrute. Setze oder lege dich bequem hin. Achte darauf, dass dein Körper angenehm liegt und du nicht frierst. Nimm eine Decke oder ein zusätzliches Kissen, um es dir bequemer zu machen.

Lege die Arme neben den Körper entlang deines Rumpfes. Strecke die Beine lang aus.

Schließe die Augen.

Atme gleichmäßig ein und aus.

Gehe in Gedanken in jeden Körperbereich und sage dir folgenden Satz: „Meine Muskeln sind entspannt, weich und warm." Spüre wie das Blut in den betreffenden Körperbereich einfließt. Beginne mit dem Kopf und dem Gesicht, dann dem Nacken, Schulter rechts, dann links, rechter Oberarm, linker Oberarm, rechter Unterarm, linker Unterarm, rechte Hand, linke Hand, Brustkorb, Bauch, Hüfte, rechter Oberschenkel, linker Oberschenkel, rechtes Knie, linkes Knie, rechter Unterschenkel, linker Unterschenkel, rechter Fuß, linker Fuß.

Wenn du alle Körperteile einmal durchgegangen bist, ist dein Körper vollständig entspannt, warm und weich.

Jetzt schaue in dich hinein. Stelle dir deinen Körper als Raum vor, als Halle, in der Platz für Begegnungen ist. In diesem Raum ist eine Wendeltreppe, die du hinabsteigen kannst, um zum Boden dieser Halle zu kommen. Suche dort dein Kind, indem du von deinem Standort aus umherschaust. Ist es da?

Wenn du es gesehen hast, sprich es an. Beginne ein Gespräch mit dem Kind. Lerne es kennen. Warte aber, dass es auf dich zukommt. Lass ihm Zeit, es hat lange auf dich warten müssen. Ihr werdet euch verstehen, denn es ist dir sehr ähnlich.

Irgendwann wird es gehen. Du bist vielleicht müde, dann verabschiede dich von ihm. Gehe die Wendeltreppe hinauf, zähle, wenn du oben angekommen bist, bis 10 und öffne die Tür vor dir. Spanne alle Muskeln deines Körpers fest an und lasse sie ruckartig wieder los. Du bist wieder wach.

Hast du das Kind nicht getroffen, warte ein paar Minuten, gehe einmal durch die Halle. Schau dir die Wände an. Gehe wieder zur Wendeltreppe, steige hinauf. Auf halber Höhe bleibe einmal stehen, schaue zurück und sieh, ob du dein Kind sehen kannst. Ist es dort, sprich es von hier oben an. Es fürchtet sich noch. Geh dann nicht hinunter. Nach eurem Gespräch gehe die Treppe weiter hinauf, zähle bis 10, öffne die Tür vor dir. Spanne alle Muskeln deines Körpers fest an und lasse sie ruckartig wieder los. Du bist wieder wach.

Siehst du es auch von dort nicht, steige die Treppe weiter

hinauf, zähle bis 10 und öffne die Tür vor dir. Spanne alle Muskeln deines Körpers fest an und lasse sie ruckartig wieder los. Du bist wieder wach.

Versuche es später noch einmal. Manchmal kann es eine Zeit dauern, bis ihr den ersten Kontakt hattet.

Geh nun wieder in deinen Alltag und versuche es bald erneut.

Literatur

Birkenbihl, V.F. (2008): Mehr als der sogenannte kleine Unterschied – Männer Frauen.—DVD.

Bischof-Köhler, D. (2006): Von Natur aus anders. Die Psychologie der Geschlechtsunterschiede.- Kohlhammer, Stuttgart.

Destatis (2016): Ehescheidungen nahmen 2015 um 1,7 % ab.- https://www.destatis.de/DE/PresseService/Presse/Pressemitteilungen/2016/07/PD16_249_12631.html

Duden (2017): Stille.- http://www.duden.de/rechtschreibung/Stille

Eia, H. (2013): Gehirnwäsche: Das Gleichstellungs-Paradox,- YouTube: https://www.youtube.com/watch?v=3OfoZR8aZt4&list=PLPPa8aTP2j2MPyEzYwqmCOMHLi1bmu95e

Eisenegger, C. (2014): Testosteron - Das verkannte Hormon.- www.spektrum.de.

Fischer, L. (2016): Leidende Männer mögen dickere Frauen.- www.spektrum.de

Gilmore, D.D. (1991): Mythos Mann.- Artemis und Winkler, München.

Gray, J. (1998): Männer sind anders. Frauen auch.- Mosaik, München.

Hammer, E. (2014): Männer altern anders.- Herder, Freiburg im Breisgau.

Hollstein, W. (2012): Was vom Manne übrigblieb.- opus magnum, Stuttgart.

Holm, K. (2016): Ja warum prügeln sie sich denn nicht?- www.faz.net

Jannes, K.-A. (2013): Das innere Kind umarmen: Die Kraft der Gefühle nutzen und Verhaltensmuster ändern.- Knaur, München. Sicherlich das zentrale Werk, wenn es um die Arbeit mit dem inneren Kind geht.

Kasten, H. (2003): Weiblich – Männlich. Geschlechterrollen durchschauen.- Reinhardt, München.

Kratochvil, H. (2012): Im Prinzip Jäger und Sammler.- Galila, Etsdorf am Kamp.

Moir, A. & D. Jessel (1990): Brainsex – Der wahre Unterschied zwischen Mann und Frau.- Econ, Düsseldorf.

Pease, A. & B. Pease (2002): Warum Männer nicht zuhören und Frauen schlecht einparken.- Ullstein, München.

Pelzer, D. (2004): Ein Mann namens Dave.- Heyne, München.

Robert-Koch-Institut (Hrsg.) (2014): Gesundheitliche Lage der Männer in Deutschland. Beiträge zur Gesundheitsberichterstattung des Bundes. RKI, Berlin.

Schäfer, R.H. (2008): Wüstlinge MännerQuest im Sinai.- Arun, Uhlstädt.

Schwanitz, D. (2003): Männer - Eine Spezies wird besichtigt.- Goldmann, München.

Stamm, M. (2007): Begabung, Leistung und Geschlecht.- www.margitstamm.ch

Stiftung Deutsche Depressionshilfe (2017): Volkskrankheit.- http://www.deutsche-depressionshilfe.de/stiftung/volkskrankheit-depression.php?r=p

Stolz, M. & O. Häntzschel (2013): Männer und Frauen.- Knaur, München.

Tolle, E. (2009): Gedanken, Stille, Erwachen, Jetzt.- https://www.youtube.com/watch?v=yNIPUBNClYw&t=327s

Travison, G. et al. (2007): A population-level decline in serum Testosterone levels in american men.- The Journal of Clinical Endocrinology & Metabolism 1 (92): 196-202.

Weber-Kellermann, I. (1991): Das Männliche und das Weibliche. Zur Sozialgeschichte der Geschlechterrollen im 19. und 20. Jahrhundert.- in: E. Moltmann-Wendel: Frau und Mann; Alte Rollen - Neue Werte.- Patmos, Düsseldorf: 15–46.

Wikipedia (2017): Stille.- https://de.wikipedia.org/wiki/Stille

Wilson, E. O. (2013): Die soziale Eroberung der Erde. Eine biologische Geschichte des Menschen.- Beck, München.

Danke

An Annett und Emma für die kritische Durchsicht des Textes.

An Annett, Emma, Paul, Anton und Conrad für den Bau meines Hochsitzes, den ich viel öfter aufsuchen sollte.

Impressum

© 2017 Text, Layout: Dr. Martin Kreuels (www.martin-kreuels.de)
Cover: Ingrid Weide (www.weidewiewiese.de)
Lektorat: Bettine Reichelt, Leipzig (www.bettine-reichelt.de)
Herstellung und Verlag: BoD - Books on Demand, Norderstedt

ISBN 978-3-74481-558-1